AF277367

Colección Cervantes

EL CEREBRO DIGITAL: CÓMO LA INTELIGENCIA
ARTIFICIAL ESTÁ TRANSFORMANDO EL MUNDO. MANUAL
PRÁCTICO DE IA

serie **Manuales Prácticos**

La serie de Manuales Prácticos aporta una selección de textos monográficos, ágiles y dinámicos en su presentación, de gran utilidad para el estudiante, tanto en los temas lingüísticos como en otros asuntos de interés, como el lenguaje periodístico, el lenguaje jurídico y la interpretación actoral.

EL CEREBRO DIGITAL: CÓMO LA INTELIGENCIA ARTIFICIAL ESTÁ TRANSFORMANDO EL MUNDO. MANUAL PRÁCTICO DE IA

LUCÍA SERRAT

SERIE MANUALES PRÁCTICOS

EDITORIAL
VERBUM

© Lucía Serrat, 2025
© Diseño de portada: Iván García
© De esta edición: Editorial Verbum, 2025

Tr.ª Sierra de Gata, 5
La Poveda (Arganda del Rey)
28500 - Madrid
Teléf.: (+34) 910 46 54 33
e-mail: info@editorialverbum.es
https://editorialverbum.es

I.S.B.N.: 978-84-1136-662-5

Diseño de colección: Origen Gráfico, S. L.
Preimpresión: Adrians Esquivel Romero
Printed in Spain / Impreso en España

Este libro ha sido
impreso con papel
ecológico procedente
de bosques sostenibles.

Fotocopiar este libro o ponerlo en red libremente sin la autorización de los editores está penado por la ley.

Todos los derechos reservados. Cualquier forma de reproducción, distribución, comunicación pública o transformación de esta obra solo puede ser realizada con la autorización de sus titulares, salvo excepción prevista por la ley. Diríjase a CEDRO (Centro Español de Derechos Reprográficos, www.cedro.org) si necesita fotocopiar o escanear algún fragmento de esta obra.

ÍNDICE

Introducción

1. El cerebro digital: un nuevo horizonte

La revolución de la Inteligencia Artificial

Estamos viviendo lo que muchos expertos llaman la "cuarta revolución industrial", un fenómeno que Klaus Schwab, fundador del Foro Económico Mundial, describe como una "fusión de tecnologías que está difuminando las líneas entre los ámbitos físico, digital y biológico". En esta nueva era, la inteligencia artificial es uno de los pilares más importantes, ya que permite el desarrollo de sistemas capaces de aprender, adaptarse y, en algunos casos, tomar decisiones autónomas.

Un claro ejemplo de esta revolución es el impacto de la IA en la atención médica. Sistemas como Watson de IBM están siendo utilizados para analizar grandes cantidades de datos clínicos y ofrecer recomendaciones de tratamiento personalizados, con niveles de precisión que superan los diagnósticos humanos en algunos casos. Por otro lado, los vehículos autónomos, basados en algoritmos de aprendizaje profundo, están comenzando a modificar la manera en que entendemos la movilidad, con empresas como Tesla y Waymo liderando el camino.

Como destaca Andrew Ng, un pionero en la investigación de la IA, "la inteligencia artificial es la nueva electricidad". Así como la electricidad revolucionó la sociedad hace más de un siglo, la IA tiene el potencial de transformar todas las industrias, alterando la forma en que las personas viven, trabajan y se relacionan con su entorno.

Este cambio no está exento de desafíos. A medida que la IA se convierte en un componente fundamental de nuestras sociedades, surgen preguntas sobre el futuro del trabajo, la privacidad y la seguridad. ¿Estamos preparados para un mundo donde los sistemas inteligentes realizan tareas que antes eran exclusivas de los humanos? Este manual busca no solo ofrecer una visión técnica de la IA, sino también proporcionar un análisis profundo de sus implicaciones sociales, éticas y económicas.

¿Qué es la IA? Historia y evolución

El concepto de inteligencia artificial se refiere a la capacidad de las máquinas para imitar funciones cognitivas humanas, como aprender, razonar y resolver problemas. Aunque hoy en día estamos acostumbrados a la presencia de sistemas inteligentes en nuestra vida diaria, la historia de la IA tiene más de medio siglo. Sus raíces se encuentran en los trabajos de pioneros como Alan Turing, John von Neumann y Norbert Wiener, quienes, en las décadas de 1940 y 1950, comenzaron a desarrollar las primeras teorías sobre el procesamiento de la información y el comportamiento de las máquinas.

El inicio oficial de la IA como campo de estudio académico suele situarse en 1956, cuando John McCarthy organizó la conferencia de Dartmouth, donde se definió formalmente el término "inteligencia artificial". Durante ese encuentro, McCarthy sugirió que "cada aspecto del aprendizaje o cualquier otra característica de la inteligencia puede, en principio, describirse con tal precisión que una máquina pueda ser construida para simularlo". Este fue el punto de partida para décadas de investigaciones que llevaron a la creación de los primeros programas de IA.

Sin embargo, el progreso en este campo no fue lineal. Durante los años 60 y 70, las expectativas puestas en la IA se vieron frustradas por la falta de capacidad computacional y las limitaciones de los algoritmos disponibles. A esta etapa se la conoce como el "invierno de la IA", un período en el que el entusiasmo y la financiación disminuiron distribuidas. Fue recién en los años 90, con el aumento de la potencia de procesamiento y la disponibilidad de grandes cantidades de datos, que la IA experimentó un resurgimiento. Uno de los hitos más notables de esta época fue la victoria de Deep Blue, la supercomputadora de IBM, sobre el campeón mundial de ajedrez Garry Kasparov en 1997.

Hoy en día, la inteligencia artificial ha superado muchas de las barreras que la limitaban en el pasado. Los avances en el aprendizaje automático (*machine learning*) y el aprendizaje profundo (*deep learning*) han permitido que las máquinas no solo ejecuten tareas específicas, sino que también aprenderán y mejorarán a medida que procesen más datos. Las redes neuronales, inspiradas en el funcionamiento del cerebro humano, son ahora capaces de identificar patrones complejos en imágenes, texto y otros tipos de datos, logrando resultados sorprendentes en campos como la visión por computadora, el procesamiento del lenguaje natural y la robótica.

A pesar de estos avances, todavía estamos lejos de alcanzar una IA fuerte, es decir, una inteligencia artificial que iguale o supere la capacidad cognitiva general de los humanos. La mayoría de las aplicaciones actuales de la IA pertenecen al ámbito de la IA débil, diseñadas para realizar tareas específicas, como reconocimiento de voz o conducción autónoma, sin la capacidad de comprender o razonar de manera global como lo haría un ser humano.

Objetivos de este manual práctico

Este manual tiene un doble objetivo. En primer lugar, pretendemos proporcionar una comprensión teórica sólida sobre qué es la inteligencia artificial, cómo ha evolucionado y cuáles son sus principales implicaciones en el presente y el futuro. A lo largo de los capítulos, exploraremos los fundamentos técnicos de la IA, desde los algoritmos básicos hasta las técnicas más avanzadas, proporcionando una visión clara y accesible incluso para quienes no tienen un conocimiento profundo del tema.

El segundo objetivo de este manual es ser una guía práctica, ofreciendo ejemplos y ejercicios que permitan a los lectores desarrollar sus propias aplicaciones de IA. A través de ejercicios paso a paso, aprenderás a implementar algoritmos de aprendizaje automático, construir redes neuronales y aplicar la IA en proyectos reales. Este enfoque práctico está pensado para aquellos que desean no solo entender la IA desde una perspectiva teórica, sino también adquirir las habilidades necesarias para aplicarla en sus propias iniciativas.

Además, el libro explora el impacto social y ético de la IA, abordando preguntas cruciales sobre cómo esta tecnología está moldeando nuestro mundo. ¿Cuáles son las implicaciones de los sesgos en los algoritmos? ¿Cómo afecta la IA a la privacidad de los individuos? ¿Qué significa la automatización para el futuro del empleo? Estos son solo algunos de los temas que se abordarán a lo largo de este manual, con el fin de proporcionar una visión crítica y reflexiva sobre el papel de la IA en nuestras sociedades.

¿A quién se dirige este libro?

Este libro está pensado para una amplia audiencia, desde estudiantes y profesionales que desean adentrarse en el campo de la IA hasta curiosos tecnológicos que buscan comprender mejor cómo esta tecnología está transformando el mundo. No se requiere un conocimiento previo extenso de programación o matemáticas avanzadas, ya que cada concepto técnico se presenta de manera accesible y progresiva.

Entre los principales destinatarios de este manual se incluyen:

- Estudiantes y profesionales interesados en aprender los fundamentos de la inteligencia artificial y cómo aplicarla en áreas como la tecnología, los negocios, la salud, entre otras.
- Emprendedores y líderes empresariales que deseen comprender cómo la IA puede transformar sus industrias, mejorar la eficiencia y promover la innovación.
- Investigadores y académicos que buscan explorar las implicaciones filosóficas, éticas y sociales de la IA, y desean contribuir al debate sobre el impacto de esta tecnología en la sociedad.
- Curiosos tecnológicos y lectores en general, que simplemente desean estar al tanto de cómo la IA está cambiando el mundo y qué oportunidades y desafíos plantean para el futuro.

En resumen, este libro está dirigido a cualquier persona que desee comprender cómo la inteligencia artificial está moldeando el presente y el futuro, y cómo puede ser parte activa de esta revolución tecnológica.

PARTE I:
FUNDAMENTOS DE LA INTELIGENCIA ARTIFICIAL

Capítulo 1: Qué es la Inteligencia Artificial

Definición y conceptos clave

La Inteligencia Artificial (IA) es un campo de la informática que se ocupa de la creación de sistemas capaces de realizar tareas que normalmente requieren inteligencia humana. Entre estas tareas se incluyen el reconocimiento de patrones, la toma de decisiones, el procesamiento del lenguaje natural y el aprendizaje. Según John McCarthy, quien acuñó el término en 1956, la IA es "la ciencia y la ingeniería de hacer máquinas inteligentes, especialmente programas informáticos inteligentes". Esta definición, aunque amplia, captura el núcleo del concepto: el diseño de sistemas capaces de aprender, adaptarse y tomar decisiones de manera autónoma.

En términos técnicos, la IA se refiere al desarrollo de algoritmos y modelos computacionales que permiten a las máquinas ejecutar tareas de manera similar a los seres humanos. El enfoque más moderno de la IA se basa en el uso de grandes volúmenes de datos y redes neuronales artificiales que simulan, en cierta medida, el comportamiento del cerebro humano. Esto ha permitido el desarrollo de sistemas cada vez más complejos y efectivos, como los algoritmos de reconocimiento de voz utilizados por asistentes virtuales como Siri o Alexa.

Es crucial diferenciar entre inteligencia humana e inteligencia artificial. Mientras que la inteligencia humana es innata y emerge del cerebro biológico, la inteligencia artificial es el resultado de la programación y el aprendizaje mediante datos, un proceso denominado aprendizaje automático *(machine learning)*. En palabras de Stuart Russell y Peter Norvig, dos referentes en el campo, la IA puede definirse como "el estudio de los agentes que reciben percepciones de su entorno y realizan acciones que maximizan sus posibilidades de éxito".

Así, la IA abarca una gran variedad de aplicaciones que van desde sistemas de recomendación en plataformas de streaming hasta robots autónomos en fábricas. Es importante tener en cuenta que la inteligencia artificial no implica una capacidad de conciencia o emociones en las máquinas, como sucede en la inteligencia humana; en su lugar, se trata de programas diseñados para procesar información y tomar decisiones basadas en datos.

Diferencias entre IA débil y fuerte

En la actualidad, los sistemas de IA pueden dividirse en dos grandes categorías: IA débil e IA fuerte. Esta distinción es crucial para comprender las capacidades y limitaciones de las tecnologías actuales.

1. IA débil (Inteligencia artificial estrecha) La IA débil o IA estrecha se refiere a sistemas diseñados para realizar una tarea o un conjunto limitado de tareas específicas. Estos sistemas no poseen conciencia ni entendimiento de su entorno; Simplemente ejecute tareas predefinidas con base en patrones de datos. Un claro ejemplo de IA débil son los asistentes virtuales, como Google Assistant, que pueden responder a preguntas y realizar acciones específicas como enviar un mensaje de texto o buscar información en Internet, pero no pueden desarrollar capacidades fuera de ese marco limitado. Según expertos, "la IA débil no aspira a replicar la mente humana en su totalidad, sino solo en áreas especializadas". A pesar de que los avances recientes en IA débiles son impresionantes, esta tecnología está limitada a realizar tareas concretas y no puede aprender o adaptarse a nuevos dominios sin ser reprogramada explícitamente.

2. IA fuerte (Inteligencia artificial general) Por otro lado, la IA fuerte o IA general es un concepto más ambicioso que se refiere a la creación de máquinas con capacidades cognitivas generales equivalentes a las de un ser humano. Una IA fuerte sería capaz de comprender, aprender y realizar cualquier tarea que un ser humano pueda ejecutar, incluyendo la resolución de problemas en áreas para las que no ha sido programada específicamente. En esencia, la IA fuerte bus-

caría replicar la totalidad del funcionamiento de la mente humana, con conciencia y pensamiento independiente.

Sin embargo, la IA fuerte sigue siendo un objetivo teórico. A día de hoy, no existe ninguna IA que cumpla con estos criterios. Aunque algunas investigaciones han avanzado en la simulación de procesos cognitivos complejos, estamos lejos de crear una IA que posea una verdadera comprensión o conciencia. Como señala Nick Bostrom, "la creación de una inteligencia artificial fuerte podría ser el mayor logro de la humanidad, o su mayor amenaza".

Tipos de IA: supervisada, no supervisada, reforzada

La clasificación de los tipos de IA según el modo en que aprenden y se entrenan es otro aspecto clave para entender esta tecnología. Los sistemas de IA se dividen en tres tipos principales: supervisada, no supervisada y reforzada.

1. IA Supervisada (Aprendizaje Supervisado) El aprendizaje supervisado es el tipo de IA más comúnmente utilizado. En este enfoque, los algoritmos son entrenados utilizando conjuntos de datos etiquetados. Esto significa que el sistema recibe ejemplos claros de entrada y salida correctas, y su tarea es aprender a mapear correctamente las entradas con las salidas. Por ejemplo, un modelo de IA supervisado puede ser entrenado para clasificar imágenes de gatos y perros, donde cada imagen está previamente etiquetada como "gato" o "perro".

   Este tipo de aprendizaje requiere una gran cantidad de datos etiquetados y es eficaz en tareas como el reconocimiento de voz, el procesamiento del lenguaje natural y la detección de fraudes. Según Pedro Domingos, "el aprendizaje supervisado es el trabajo pesado de la IA. Con los datos correctos, puede hacer cosas increíbles, pero depende de lo que le enseñes".

2. IA No Supervisada (Aprendizaje No Supervisado) A diferencia del aprendizaje supervisado, el aprendizaje no supervisado no utiliza datos etiquetados. En su lugar, el sistema recibe un conjunto de datos sin clasificar y debe encontrar patrones, correlaciones o agrupaciones por sí mismo. Un ejemplo de este tipo de IA es el *clustering*, donde el sistema agrupa

los datos en categorías desconocidas basadas en características compartidas. Este tipo de IA es útil para tareas como la segmentación de mercados, la detección de anomalías y el análisis de datos masivos donde no se dispone de etiquetas claras.

El aprendizaje no supervisado es considerado uno de los retos más grandes en IA, ya que "es como intentar resolver un rompecabezas sin saber qué imagen estás buscando". Aunque los resultados pueden ser muy valiosos, los algoritmos no siempre son precisos y pueden requerir supervisión adicional.

3. IA Reforzada (Aprendizaje por Refuerzo) En el aprendizaje por refuerzo, el sistema aprende a través de la retroalimentación basada en recompensas o castigos. A diferencia de los otros dos enfoques, la IA reforzada no recibe ejemplos claros de entradas y salidas correctas. En su lugar, el algoritmo aprende mediante la interacción con su entorno, experimentando y ajustando sus decisiones en función de las recompensas que obtiene. Este tipo de IA es el que se utiliza en aplicaciones como los juegos de estrategia o los vehículos autónomos, donde la máquina debe tomar decisiones secuenciales y adaptarse a los cambios en el entorno.

Un ejemplo conocido de aprendizaje reforzado es el programa AlphaGo, desarrollado por DeepMind, que logró derrotar al campeón mundial de Go, un juego de tablero increíblemente complejo. Como señalaron los desarrolladores, "AlphaGo no fue entrenado con ejemplos humanos, sino que aprendió jugando millones de partidas contra sí mismo".

Ética y filosofía de la IA

El avance de la inteligencia artificial no solo plantea retos técnicos, sino también preguntas profundas de carácter ético y filosófico. A medida que los sistemas de IA se integran más profundamente en nuestras vidas, surgen preocupaciones sobre su impacto en la sociedad, la privacidad y los derechos humanos.

Uno de los dilemas éticos más apremiantes es el problema del sesgo algorítmico. Los algoritmos de IA, en muchos casos, son tan imparciales o sesgados como los datos con los que se entrenan. Por ejemplo, si un sistema de IA es entrenado con datos históricos que reflejan prejuicios sociales, es probable que perpetúe esos mismos prejuicios. Un estudio realizado por ProPublica en 2016 mostró que un algoritmo utilizado en Estados Unidos para predecir la probabilidad de reincidencia en delitos era significativamente más propenso a etiquetar a personas negras como de alto riesgo, incluso cuando su historial delictivo era similar al de personas blancas. Este tipo de sesión no solo refleja problemas en los datos, sino también la necesidad de diseñar sistemas éticos que minimicen la propagación de tales errores.

Asimismo, la privacidad es una de las principales preocupaciones en la era de la IA. Los sistemas de inteligencia artificial, especialmente aquellos que trabajan con grandes volúmenes de datos, pueden acceder a cantidades masivas de información personal. Esto plantea preguntas sobre el uso responsable de esos datos y la necesidad de regulaciones claras que protejan a los individuos de posibles abusos.

Desde una perspectiva filosófica, también surge la pregunta de qué significa ser inteligente o consciente. Aunque los sistemas de IA actuales no poseen conciencia, el desarrollo de tecnologías avanzadas plantea el interrogante de si alguna vez podríamos crear máquinas verdaderamente conscientes. Algunos filósofos, como David Chalmers, han sugerido que "si bien es posible que las máquinas inteligentes no tengan nunca conciencia, esto no impide que lleguen a desarrollar comportamientos similares a los humanos.

Capítulo 2: Algoritmos y modelos en IA

¿Qué es un algoritmo? El corazón de la IA

Un algoritmo es una secuencia finita de instrucciones o pasos que se deben seguir para resolver un problema o realizar una tarea específica. En el ámbito de la inteligencia artificial (IA), los algoritmos constituyen el núcleo de los sistemas, ya que permiten que las máquinas realicen procesos de toma de decisiones, aprendizaje y optimización. Un algoritmo, al igual que una receta de cocina, define las acciones necesarias para llegar a un resultado deseado. Sin embargo, los algoritmos de IA son capaces de aprender y ajustarse con el tiempo a medida que procesan más datos, haciendo que su comportamiento evolucione y mejore.

En el contexto de la IA, los algoritmos son los responsables de procesar grandes volúmenes de datos (big data) y extraer patrones significativos, lo que permite a los sistemas hacer predicciones, recomendaciones o clasificaciones. La automatización de procesos complejos mediante algoritmos ha sido clave para los avances recientes en IA. Como explica el científico informático Pedro Domingos, "los algoritmos son la brújula que guía las máquinas en su camino hacia el conocimiento".

Los algoritmos en IA, especialmente aquellos asociados con el aprendizaje automático *(machine learning)*, están diseñados para encontrar relaciones y correlaciones en los datos que pueden no ser evidentes para los seres humanos. A medida que el algoritmo procesa más datos, se vuelve más eficiente y preciso en sus resultados. Este proceso de entrenamiento es lo que distingue a los algoritmos de IA de los programas de software tradicionales, que no aprenden ni se ajustan a partir de la experiencia.

Principales algoritmos utilizados en IA

Existen diferentes tipos de algoritmos en IA, cada uno diseñado para tareas específicas según el tipo de datos y el problema a resolver. A continuación, se presentan algunos de los algoritmos más utilizados en inteligencia artificial:

1. Regresión Lineal

   La regresión lineal es uno de los algoritmos más sencillos y ampliamente utilizados en IA, particularmente en el aprendizaje supervisado. Este algoritmo se utiliza para predecir valores continuos, como el precio de una casa o el rendimiento de una inversión, calculando en una o más variables independientes. La idea básica es encontrar una relación lineal entre las variables de entrada y la variable de salida mediante la minimización de la distancia entre los datos reales y las predicciones del modelo. Este algoritmo es especialmente útil cuando se trata de problemas donde las relaciones entre las variables son lineales y fácilmente modelables.

2. Árboles de Decisión

   Los árboles de decisión son algoritmos muy populares en el aprendizaje supervisado. Un árbol de decisión clasifica un conjunto de datos construyendo un modelo basado en una serie de decisiones binarias, donde cada "nodo" representa una pregunta sobre los datos (por ejemplo, "¿La temperatura es mayor a 20 grados?"). Los resultados de estas preguntas conducen a nuevas ramas, y al final de las ramas se encuentra una decisión final o clasificación. Este algoritmo es muy intuitivo y visual, lo que lo convierte en una herramienta útil tanto para la clasificación como para la predicción.

3. Máquinas de soporte vectorial (SVM)

   Las máquinas de soporte vectorial (SVM) son un algoritmo de aprendizaje supervisado muy potente, utilizado para tareas de clasificación y regresión. Este algoritmo trabaja buscando el hiperplano que mejor separa las diferentes clases en un conjunto de datos. La idea es maximizar el margen entre las clases, asegurando que las nuevas observaciones se clasifiquen correctamente en una de las clases predefinidas. Las SVM son particularmente útiles en problemas de clasificación binaria y en situaciones donde las clases no son linealmente separables.

4. Redes Neuronales Artificiales (RNA)

Las redes neuronales artificiales imitan el funcionamiento del cerebro humano, utilizando nodos (neuronas) interconectados que trabajan juntos para procesar la información. Cada nodo está encargado de realizar cálculos básicos y transferir información a otras neuronas de la red. A través de un proceso de retropropagación y ajuste de los pesos de las conexiones entre neuronas, las redes neuronales pueden aprender patrones complejos en los datos. Este algoritmo es el pilar de avances modernos en aprendizaje profundo (*deep learning*).

5. K-means

El algoritmo de K-means es un método de aprendizaje no supervisado utilizado para *clustering* o agrupamiento. Este algoritmo agrupa los datos en k clusters basados en las similitudes entre los puntos de datos. El objetivo es minimizar la variabilidad dentro de cada grupo mientras se maximiza la distancia entre grupos. K-means es muy eficaz para identificar patrones ocultos en grandes conjuntos de datos donde no se dispone de etiquetas.

Redes neuronales artificiales: cómo imitar al cerebro humano

Las redes neuronales artificiales (RNA) se han convertido en uno de los enfoques más revolucionarios en la inteligencia artificial moderna. Inspiradas en la estructura y el funcionamiento del cerebro humano, las RNA están compuestas por neuronas artificiales, también llamadas nodos, organizadas en capas que procesan información de forma jerárquica.

La idea central de las redes neuronales es que cada neurona recibe una serie de entradas, las procesa y produce una salida. Estas entradas se ponderan (pesos sinápticos) y se combinan para producir un resultado, que luego se pasa a la siguiente capa de neuronas. Cuantas más capas tiene una red neuronal, más capaz es de aprender patrones complejos y realizar tareas complicadas, como el reconocimiento de imágenes o la traducción automática de idiomas.

En la red, cada neurona contribuye con un cálculo, y este conjunto de neuronas forma capas de entrada, capas ocultas y capas de salida. La clave del éxito de las redes neuronales reside en el proceso de aprendizaje, donde se ajustan los pesos sinápticos mediante un algoritmo de optimización llamado retropropagación (*backpropagation*), que minimiza el error entre las predicciones de la red y los resultados reales.

Las redes neuronales imitan parcialmente el funcionamiento del cerebro, pero con claras diferencias. Mientras que el cerebro humano tiene miles de millones de neuronas interconectadas y es capaz de aprender de manera flexible y generalizar a partir de poca información, las redes neuronales requieren enormes volúmenes de datos y mucha más energía computacional para aprender tareas específicas.

El avance en las redes neuronales profundas (*deep learning*), un tipo específico de RNA con muchas capas ocultas, ha llevado al desarrollo de aplicaciones increíbles como la visión por computadora, los sistemas de recomendación y la generación de contenido. Estos sistemas ya superan a los humanos en muchas tareas, como el reconocimiento de imágenes en algunas competiciones, y continúan evolucionando a gran velocidad.

Ejemplos prácticos de algoritmos en acción

1. AlphaGo y el Aprendizaje por Refuerzo
    Uno de los ejemplos más emblemáticos de la aplicación de algoritmos en IA es AlphaGo, un programa desarrollado por DeepMind que utiliza aprendizaje por refuerzo y redes neuronales para jugar al antiguo juego chino Go. A través de millones de partidas de entrenamiento, AlphaGo logró derrotar a los mejores jugadores humanos, demostrando el poder de los algoritmos de IA para aprender y mejorar continuamente sin la intervención humana directa.
2. Sistemas de recomendación en Netflix y Amazon
    Los algoritmos de IA también están detrás de los sistemas de recomendación utilizados por plataformas como Netflix y Amazon. A través de técnicas de aprendizaje supervisado y filtrado colaborativo, estos algoritmos pueden predecir qué contenido o productos son más relevantes para los usuarios basándose en su historial de interacciones, creando una experiencia altamente personalizada.

3. Reconocimiento Facial

    Otro ejemplo de algoritmos de IA en acción es el reconocimiento facial, que utiliza redes neuronales convolucionales para identificar rostros en imágenes o videos. Estos algoritmos son capaces de procesar grandes volúmenes de imágenes y aprender a distinguir características faciales únicas, lo que los hace útiles en aplicaciones de seguridad, autenticación y redes sociales.

4. Diagnóstico Médico Asistido por IA

    Los algoritmos de IA también están transformando la medicina. Los sistemas de diagnóstico asistidos por IA, como los utilizados en el análisis de imágenes médicas, emplean redes neuronales profundas para detectar anomalías en radiografías o resonancias magnéticas. Estos sistemas han demostrado ser tan precisos como los radiólogos humanos, e incluso más efectivos en la detección temprana de algunas enfermedades.

Capítulo 3: Aprendizaje automático

Definición y proceso del aprendizaje automático

El aprendizaje automático *(machine learning)* es una subdisciplina dentro del campo de la inteligencia artificial que se centra en el desarrollo de algoritmos que permiten a las máquinas aprender a partir de datos y mejorar su rendimiento con el tiempo sin ser programados explícitamente para cada tarea. A diferencia de los sistemas tradicionales de software, en los que los programadores deben definir reglas y respuestas específicas, el aprendizaje automático permite que los sistemas adapten sus comportamientos y decisiones mediante el análisis de grandes volúmenes de datos.

Tom Mitchell, un experto en aprendizaje automático, define este concepto como sigue: "Un programa de computadora aprende de la experiencia E con respecto a una tarea T y una medida de rendimiento P, si su rendimiento en T, medido por P, mejora con la experiencia E". Esta definición resume la esencia del aprendizaje automático: un sistema se mejora y se ajusta con base en los datos que recibe y analiza.

El proceso básico del aprendizaje automático incluye las siguientes fases:

- Recopilación de datos : Los algoritmos de aprendizaje automático requieren grandes cantidades de datos para entrenarse. Cuanto mayor sea la cantidad y calidad de los datos, mejor será el rendimiento del modelo. Los datos pueden ser estructurados (como tablas con características definidas) o no estructurados (como imágenes o texto).

- Preprocesamiento de datos : Antes de entrenar un modelo, los datos deben ser limpiados y transformados para eliminar inconsistencias, valores atípicos o información irrelevante. Este paso es crucial para garantizar que los algoritmos de IA aprendan patrones significativos en lugar de ruido o datos defectuosos.

- Selección del modelo : Existen diferentes tipos de algoritmos que se pueden aplicar dependiendo de la naturaleza del problema, como veremos más adelante. La selección del modelo correcto es esencial para obtener buenos resultados.
- Entrenamiento del modelo : Durante esta etapa, el algoritmo de aprendizaje automático se entrena utilizando el conjunto de datos. El sistema ajusta sus parámetros internos para minimizar el error y mejorar su capacidad de hacer predicciones precisas.
- Evaluación del modelo : Una vez que el modelo ha sido entrenado, es necesario probar su rendimiento con datos no vistos, es decir, datos que no fueron utilizados en el proceso de entrenamiento. Esto permite verificar qué tan bien puede generalizar el modelo.
- Optimización del modelo : En esta fase, se ajustan los hiperparámetros y se pueden realizar ajustes adicionales para mejorar el rendimiento general del modelo, evitando problemas como el sobreajuste.

Clasificación, regresión y agrupación

En el aprendizaje automático, los problemas pueden clasificarse en diferentes categorías dependiendo del tipo de tarea que se desea realizar. Las tres categorías principales son: clasificación, regresión y *clustering*.

1. Clasificación

La clasificación es una tarea de aprendizaje supervisada en la que el objetivo es asignar una etiqueta o categoría a cada entrada basada en sus características. En este tipo de problemas, el algoritmo aprende a partir de un conjunto de datos etiquetados y luego predice la clase a la que pertenece una nueva entrada.

Un ejemplo común de clasificación es el correo electrónico no deseado (spam). Un algoritmo de clasificación puede entrenarse para diferenciar entre correos electrónicos normales y correos electrónicos de spam utilizando datos etiquetados como "spam" o "no spam". Después de entrenarse, el algoritmo puede clasificar nuevos correos entrantes.

Otros ejemplos incluyen la clasificación de imágenes (reconocimiento de objetos en fotografías) o el diagnóstico médico (clasificar si un paciente tiene una enfermedad basada en síntomas y pruebas médicas).

2. Regresión

La regresión es otra forma de aprendizaje supervisado en la que el objetivo es predecir un valor continuo. A diferencia de la clasificación, que asigna una etiqueta discreta, la regresión se enfoca en la predicción de un valor numérico.

Por ejemplo, se puede usar la regresión lineal para predecir el precio de una vivienda basándose en características como su ubicación, tamaño y número de habitaciones. El algoritmo busca aprender la relación entre estas variables y el precio para hacer predicciones precisas sobre nuevas viviendas.

3. *Clustering*

El *clustering* es una tarea de aprendizaje no supervisado que consiste en agrupar datos en categorías basadas en similitudes. A diferencia de la clasificación, en la que se utilizan etiquetas conocidas para entrenar al algoritmo, en el *clustering* no se dispone de etiquetas, y el algoritmo debe identificar las agrupaciones por sí mismo.

Un ejemplo de *clustering* es la segmentación de clientes en marketing. Un algoritmo de *clustering* puede analizar los patrones de compra de los clientes y agruparlos en segmentos con características comunes, como sus hábitos de compra o preferencias de productos. Este tipo de análisis ayuda a las empresas a diseñar estrategias personalizadas para cada segmento.

Overfitting y *underfitting*: cómo evitarlos

Uno de los mayores desafíos en el aprendizaje automático es encontrar el equilibrio adecuado entre la precisión y la generalización de los modelos. A menudo, los modelos pueden caer en dos problemas comunes: el *overfitting* (sobreajuste) y el *underfitting* (subajuste).

1. *Overfitting*

El *overfitting* ocurre cuando un modelo se ajusta demasiado a los datos de entrenamiento, lo que significa que ha aprendido incluso los detalles y ruidos irrelevantes de esos datos. Aunque el modelo puede funcionar muy bien con el conjunto de datos de entrenamiento, su rendimiento será pobre cuando se enfrenta a datos nuevos, ya que no ha aprendido a generalizar correctamente.

El *overfitting* es como "aprender de memoria" el material de un examen: el estudiante puede recordar cada detalle del libro, pero es incapaz de aplicar el conocimiento a nuevas situaciones. Para evitar el sobreajuste, se utilizan técnicas como:

- Regularización : Métodos como L1 y L2 penalizan los modelos complejos, forzándolos a ser más simples ya generalizar mejor.
- Validación cruzada : Dividir el conjunto de datos en Múltiples subconjuntos de entrenamiento y validación ayuda a evaluar el modelo en diferentes porciones del conjunto de datos.
- Podado de árboles de decisión : En algoritmos como los árboles de decisión, se puede limitar la profundidad de los árboles para evitar que se ajusten demasiado a los datos de entrenamiento.

3. *Underfitting*

El *underfitting* ocurre cuando el modelo es demasiado simple y no puede capturar los patrones relevantes en los datos. Esto significa que tanto en los datos de entrenamiento como en los datos de prueba, el rendimiento del modelo será pobre.

En el caso del *underfitting*, el modelo no ha aprendido lo suficiente para hacer predicciones útiles. Para corregir este problema, se pueden utilizar técnicas como aumentar la complejidad del modelo (por ejemplo, agregar más características o usar algoritmos más avanzados) o aumentar el tiempo de entrenamiento.

El objetivo es encontrar un equilibrio entre ambos extremos, asegurando que el modelo sea lo suficientemente complejo para capturar patrones significativos, pero no tan complejo como para aprender detalles irrelevantes o ruido en los datos de entrenamiento.

Herramientas y *frameworks* más populares

El aprendizaje automático se ha vuelto mucho más accesible gracias al desarrollo de herramientas y *frameworks* que facilitan la implementación de algoritmos y modelos complejos. Algunos de los *frameworks* más utilizados son:

1. Scikit-learn
   Scikit-learn es una de las bibliotecas más populares para el aprendizaje automático en Python. Ofrece una amplia gama de algoritmos supervisados y no supervisados, junto con herramientas para preprocesar datos, seleccionar modelos y evaluar su rendimiento. Es ideal tanto para principiantes como para expertos, ya que permite implementar rápidamente modelos de aprendizaje automático con código simple y efectivo.

2. TensorFlow
   Desarrollado por Google, TensorFlow es uno de los *frameworks* más potentes para construir y entrenar modelos de aprendizaje profundo. Su flexibilidad y capacidad para manejar grandes volúmenes de datos lo han convertido en la opción preferida para proyectos complejos como el procesamiento de imágenes y la traducción automática. Además, TensorFlow cuenta con un ecosistema amplio que incluye herramientas para la implementación de modelos en dispositivos móviles y en la nube.

3. PyTorch
   PyTorch es otro marco de aprendizaje profundo, que ha ganado popularidad por su facilidad de uso y flexibilidad en la construcción de redes neuronales. A diferencia de TensorFlow, PyTorch utiliza un enfoque dinámico para la creación de gráficos computacionales, lo que facilita el diseño y la depuración de modelos.

4. Keras
   Keras es una biblioteca de alto nivel para el desarrollo de redes neuronales, que se ejecuta sobre *frameworks* como TensorFlow o Theano. Es conocido por su simplicidad y facilidad de uso, lo que la convierte en una excelente opción para quienes se inician en el aprendizaje profundo. Permite construir y entrenar modelos con muy pocas líneas de código.

5. XGBoost

    XGBoost es un algoritmo basado en árboles de decisión que
    ha ganado notoriedad por su eficiencia y capacidad para
    manejar grandes conjuntos de datos. Es particularmente efi-
    caz en tareas de clasificación y regresión, y ha sido utilizado
    para potenciar múltiples modelos y optimizar el rendimiento
    lo hace ideal para proyectos en los que se requiere alta
    precisión.

PARTE II:
APLICACIONES Y CASOS DE USO

Capítulo 4: IA en la vida cotidiana

Asistentes virtuales (Siri, Alexa, asistente de Google)

Uno de los ejemplos más visibles de la inteligencia artificial en la vida cotidiana es el uso de asistentes virtuales como Siri, Alexa y Google Assistant. Estos asistentes están diseñados para facilitar la interacción entre las personas y la tecnología, utilizando tecnologías avanzadas como el procesamiento del lenguaje natural (PLN) y el reconocimiento de voz.

Los asistentes virtuales, como Siri de Apple, pueden responder preguntas, realizar tareas como enviar mensajes o programar recordatorios, y controlar otros dispositivos en el hogar a través de comandos de voz. La clave de su funcionalidad radica en el uso de algoritmos de aprendizaje automático que les permiten comprender el lenguaje humano de forma contextual, mejorando su capacidad para interpretar preguntas ambiguas o complejas.

En el caso de Alexa, la asistente de Amazon, su evolución ha sido impresionante desde su lanzamiento en 2014. Originalmente concebido para controlar productos del hogar inteligente, como luces o termostatos, Alexa ahora puede realizar millas de "skills" o habilidades, que van desde reproducir música hasta pedir productos en Amazon. Según un informe de 2020, se estima que había más de 100 millones de dispositivos compatibles con Alexa en todo el mundo, lo que demuestra su expansión en el mercado.

Google Assistant es quizás uno de los asistentes más avanzados en términos de comprensión del lenguaje y capacidad de respuesta. Gracias a los datos masivos procesados por Google ya su sistema avanzado de IA basado en redes neuronales profundas, Google Assistant no solo responde preguntas, sino que anticipa las necesidades del usuario, sugiriendo rutas, registrando eventos importantes o recomendando actividades basadas en la ubicación.

La capacidad de estos asistentes de mejorar con el tiempo se debe a su naturaleza adaptativa. Cuantos más comandos de voz reciben y más interacciones tienen con los usuarios, más aprenden sobre los patrones de uso individuales, lo que les permite ofrecer respuestas y acciones más precisas y personalizadas.

Estos asistentes virtuales han revolucionado la manera en que interactuamos con la tecnología. En lugar de depender de teclados y pantallas, podemos acceder a información, controlar dispositivos o realizar tareas cotidianas con simples comandos de voz. A medida que los algoritmos de aprendizaje profundo y los modelos de PLN siguen avanzando, la capacidad de estos asistentes para comprender y anticiparse a las necesidades humanas solo continuará mejorando.

Reconocimiento facial y de voz

Otra de las aplicaciones más significativas de la inteligencia artificial en la vida cotidiana es el reconocimiento facial y de voz. Estas tecnologías están presentes en dispositivos que usamos a diario, como teléfonos inteligentes, cámaras de seguridad y altavoces inteligentes. La IA ha permitido avances impresionantes en la precisión de estas tecnologías, que ahora son capaces de identificar personas y voces con un alto grado de precisión.

1. Reconocimiento facial

    El reconocimiento facial utiliza redes neuronales convolucionales (CNN) para analizar imágenes y reconocer rostros humanos. Esta tecnología se ha convertido en una herramienta clave en áreas como la seguridad y el control de acceso. Empresas como Apple han integrado el reconocimiento facial en sus dispositivos a través de tecnologías como Face ID, que permite a los usuarios desbloquear sus teléfonos o realizar pagos mediante el reconocimiento biométrico.

    En términos de seguridad, el reconocimiento facial también ha sido adoptado por gobiernos y empresas para identificar personas en eventos masivos, aeropuertos o sistemas de videovigilancia. Aunque estos avances han aumentado la seguridad en muchos contextos, también han suscitado debates éticos sobre la privacidad. El uso masivo de reconocimiento facial plantea serias preocupaciones sobre el posible mal uso de los datos biométricos, como señala Shoshana Zuboff en su obra *La era del capitalismo de la vigilancia* : "la capacidad de la IA para identificar y seguir a las personas en tiempo real ha creado una infraestructura de vigilancia sin precedentes".

2. Reconocimiento de voz

El reconocimiento de voz ha mejorado considerablemente gracias a la IA, y ahora se utiliza en una amplia gama de aplicaciones, desde la transcripción automática de texto hasta la interacción con asistentes virtuales. Google Assistant, por ejemplo, utiliza modelos avanzados de reconocimiento de voz para procesar comandos hablados en tiempo real, permitiendo a los usuarios interactuar de manera más eficiente con sus dispositivos.

Además, el reconocimiento de voz ha transformado la accesibilidad en la tecnología. Para personas con discapacidades visuales o dificultades para escribir, las tecnologías basadas en reconocimiento de voz brindan una nueva forma de interactuar con la información digital, permitiéndoles escribir correos electrónicos, realizar búsquedas en internet o controlar dispositivos sin necesidad de una interfaz táctil.

Ambas tecnologías, el reconocimiento facial y el de voz, representan avances clave en la interacción hombre-máquina. Sin embargo, también han abierto debates en torno a la privacidad y la ética, ya que su capacidad para recopilar y analizar datos personales plantea interrogantes sobre cómo se gestionan y protegen esos datos.

Recomendaciones personalizadas (Netflix, Spotify)

Uno de los avances más populares y ampliamente utilizados de la IA en la vida cotidiana es la capacidad de ofrecer recomendaciones personalizadas. Este tipo de IA se utiliza en plataformas como Netflix y Spotify para sugerir contenido basado en los gustos y hábitos de consumo de los usuarios.

Netflix, por ejemplo, utiliza un complejo conjunto de algoritmos de aprendizaje automático para analizar el historial de visualización de cada usuario, junto con otros factores como las valoraciones de contenido similares y el comportamiento de otros usuarios con perfiles similares. Estos algoritmos permiten a la plataforma sugerir películas o series que el usuario probablemente disfrute, mejorando significativamente la experiencia de visualización. Según Netflix, aproximadamente el 80% de las horas de visualización de sus usuarios provienen de recomendaciones algorítmicas, lo que resalta la importancia de esta tecnología en su modelo de negocio.

Del mismo modo, Spotify utiliza IA para crear listas de reproducción personalizadas como "Discover Weekly" y "Daily Mix", que se actualizan continuamente según los hábitos de escucha del usuario. Al analizar factores como el género, el tempo y las características acústicas de las canciones que un usuario ha escuchado anteriormente, los algoritmos de Spotify pueden predecir qué canciones nuevas podrían interesarle.

Estos sistemas de recomendación se basan en técnicas de filtrado colaborativo y modelos basados en contenido, que permiten combinar datos de millas de usuarios y encontrar patrones comunes entre ellos. Esto no solo beneficia a los usuarios, al proporcionarles contenido más relevante, sino que también es clave para las plataformas, que depende de la personalización para mantener la atención de los usuarios y aumentar su tiempo de uso.

Las recomendaciones personalizadas han transformado la manera en que consumimos entretenimiento. En lugar de tener que buscar manualmente nuevas películas, series o música, ahora es la IA la que anticipa nuestras preferencias y nos presenta opciones que se alinean con nuestros intereses.

IA en aplicaciones móviles

La inteligencia artificial ha encontrado su lugar en aplicaciones móviles, mejorando tanto la experiencia del usuario como las funcionalidades de las propias apps. Algunas de las aplicaciones más destacadas que utilizan IA incluyen herramientas de fotografía, salud y finanzas.

1. Aplicaciones de fotografía como Google Photos utilizan IA para organizar automáticamente las fotos de los usuarios, etiquetando personas, lugares y objetos. Además, el uso de algoritmos de mejora de imagen permite mejorar la calidad de las fotos y aplicar efectos de manera automática, como la corrección de color o el ajuste de la exposición. Aplicaciones como FaceApp, que generan imágenes simulando el envejecimiento de una persona o modificando sus características

faciales, también han utilizado modelos de redes neuronales generativas para crear efectos visuales sorprendentes.

2. Salud y bienestar

Las aplicaciones móviles de salud y bienestar también han sido transformadas por la IA. Aplicaciones como MyFitnessPal utilizan algoritmos de IA para hacer recomendaciones de ejercicio o dieta personalizada según los objetivos del usuario. Además, la IA puede analizar patrones de sueño, actividad física y alimentación para ofrecer una experiencia de salud más completa y ajustada a las necesidades individuales.

Del mismo modo, aplicaciones de monitoreo de salud, como las que se integran con dispositivos portátiles (smartwatches), utilizan IA para detectar posibles anomalías en el ritmo cardíaco o los niveles de oxígeno en sangre, enviando alertas en tiempo real que pueden prevenir problemas de salud.

3. Finanzas

En el sector financiero, la IA ha facilitado la creación de aplicaciones móviles que ayudan a los usuarios a gestionar sus finanzas personales de manera más eficiente. Aplicaciones como Mint utilizan IA para analizar los patrones de gasto y hacer recomendaciones sobre cómo ahorrar o gestionar presupuestos. Además, la IA puede identificar patrones de gasto no deseados o comportamientos financieros peligrosos y ofrecer soluciones proactivas, como alertas de ahorro o sugerencias de inversiones.

En resumen, la IA en aplicaciones móviles ha mejorado la vida cotidiana al hacer que las aplicaciones sean más inteligentes, predictivas y personalizadas. A medida que la capacidad de procesamiento de los dispositivos móviles sigue aumentando, se espera que la inteligencia artificial desempeñe un papel aún mayor en la mejora de la funcionalidad y la personalización de las aplicaciones.

Capítulo 5: IA en la salud

Diagnóstico asistido por IA

El uso de la inteligencia artificial (IA) en el diagnóstico médico ha revolucionado la forma en que los profesionales de la salud detectan y tratan enfermedades. Los algoritmos de *machine learning*, junto con el procesamiento masivo de datos médicos, han permitido crear sistemas capaces de analizar imágenes, interpretar resultados de pruebas y indicar diagnósticos con una precisión que en algunos casos supera a la de los médicos humanos.

Uno de los avances más significativos es el uso de redes neuronales convolucionales (CNN) para analizar imágenes médicas, como radiografías, resonancias magnéticas o mamografías. Por ejemplo, en el ámbito de la radiología, los algoritmos de IA pueden detectar anomalías como tumores o fracturas en las imágenes de forma más rápida y precisa que los métodos tradicionales. Un estudio publicado en *Nature* mostró que un sistema de IA fue capaz de reducir las tasas de error en la detección de cáncer de mama en mamografías hasta en un 9,4%, comparado con los diagnósticos realizados por radiólogos humanos.

Asimismo, la IA ha mejorado notablemente el diagnóstico de enfermedades complejas como el Alzheimer. Algoritmos avanzados de aprendizaje profundo pueden identificar cambios sutiles en los patrones cerebrales de pacientes a partir de imágenes de resonancia magnética, permitiendo diagnósticos más tempranos que los métodos convencionales.

Además de las imágenes médicas, los algoritmos de IA están siendo utilizados para analizar datos clínicos y genéticos. Plataformas como IBM Watson for Oncology utilizan IA para procesar enormes volúmenes de literatura médica y datos de pacientes, lo que ayuda a los oncólogos a tomar decisiones informadas sobre los tratamientos más adecuados en función de las características individuales de cada paciente. Esto no solo mejora la precisión del diagnóstico, sino que también personaliza el tratamiento, avanzando hacia la medicina de precisión.

El diagnóstico asistido por IA no pretende sustituir a los profesionales médicos, sino aumentar sus capacidades, permitiendo un análisis más detallado y acelerado que mejora tanto la atención al paciente como los resultados clínicos.

Biotecnología e Inteligencia Artificial

La convergencia entre la biotecnología y la inteligencia artificial está dando lugar a una nueva era en la medicina y la investigación biológica. La biotecnología, que involucra la manipulación de organismos vivos para desarrollar productos o soluciones, se ha beneficiado enormemente de las capacidades de la IA para procesar y analizar grandes cantidades de datos biológicos.

Una de las áreas más prometedoras de esta interacción es la genómica, donde la IA está ayudando a decodificar los secretos del ADN. Con la secuenciación del genoma humano disponible a bajo costo, los científicos se enfrentan al reto de analizar grandes volúmenes de datos genéticos para identificar mutaciones y comprender su relación con las enfermedades. Aquí, los algoritmos de IA son cruciales, ya que pueden detectar patrones en los datos genéticos que serán imposibles de identificar manualmente.

Plataformas como AlphaFold de DeepMind han revolucionado la biotecnología al predecir con precisión las estructuras tridimensionales de las proteínas a partir de su secuencia de aminoácidos. Este avance es un hito crucial, ya que la estructura de una proteína determina su función biológica, y comprender esta relación es fundamental para el desarrollo de nuevos medicamentos y tratamientos. Según el artículo de *Nature* que presentó los avances de AlphaFold, "la precisión de las predicciones de IA en la estructura de proteínas ha dado un salto de una década en comparación con métodos anteriores".

Otro uso de la IA en biotecnología es el descubrimiento de fármacos, donde los algoritmos analizan enormes bases de datos de compuestos químicos para identificar posibles candidatos a medicamentos. Este proceso, que solía ser extremadamente lento y costoso, se ha acelerado considerablemente con la ayuda de la IA, que puede identificar interacciones entre moléculas y predecir los efectos de nuevos compuestos en el cuerpo humano.

Robótica quirúrgica: la fusión del hombre y la máquina

La robótica quirúrgica es uno de los campos donde la inteligencia artificial y la tecnología médica han logrado una fusión impresionante. Los robots quirúrgicos, controlados por cirujanos pero asistidos por IA, permiten realizar procedimientos con una precisión que supera las habilidades humanas, especialmente en operaciones mínimamente invasivas.

El sistema da Vinci, uno de los más conocidos en este campo, utiliza un robot asistido por IA que permite a los cirujanos realizar procedimientos complejos con una precisión milimétrica. Este sistema mejora la capacidad del cirujano al filtrar los temblores de las manos y proporcionar una vista aumentada del área de la operación. Además, permite realizar movimientos que serían imposibles para una mano humana, lo que es crucial en cirugías delicadas como las urológicas, cardíacas y ginecológicas.

La IA también juega un papel fundamental en la planificación quirúrgica. Los algoritmos pueden procesar imágenes médicas previas a la cirugía para crear modelos tridimensionales del área afectada, ayudando al cirujano a planificar cada paso del procedimiento con antelación. Esto reduce el riesgo de complicaciones y mejora los resultados postoperatorios. Un estudio reciente destacó que los cirujanos asistidos por robots quirúrgicos tuvieron un 30% menos de complicaciones postoperatorias que los que realizaron los mismos procedimientos de forma manual.

Otro avance en la robótica quirúrgica es el uso de IA para la autonomía parcial en las operaciones. Aunque actualmente la mayoría de los sistemas robóticos dependen de la supervisión humana, algunos desarrollos recientes están explorando la posibilidad de que los robots quirúrgicos puedan tomar decisiones en tiempo real sobre pequeños ajustes en los procedimientos, calculando en la información que reciben de sensores y algoritmos predictivos..

Esta combinación de cirugía robótica e IA no solo mejora la precisión, sino que también abre las puertas a la cirugía remota. En un futuro próximo, los cirujanos podrán operar a pacientes en cualquier parte del mundo utilizando robots controlados por IA, una solución que podría revolucionar la atención médica en áreas remotas o en situaciones de emergencia.

Modelos predictivos en epidemiología y salud pública

La inteligencia artificial también está desempeñando un papel crucial en la epidemiología y la salud pública, especialmente en la creación de modelos predictivos que ayudan a anticipar brotes de enfermedades y planificar respuestas ante emergencias sanitarias.

Uno de los ejemplos más recientes de esto es la pandemia de COVID-19, durante la cual los modelos predictivos basados en IA fueron esenciales para rastrear la propagación del virus, predecir su evolución y optimizar la distribución de recursos médicos. Empresas como BlueDot y Metabiota utilizaron IA para analizar datos en tiempo real, desde informes de medios hasta registros de viajes aéreos, para predecir la expansión de la pandemia. BlueDot fue una de las primeras organizaciones en detectar el brote en Wuhan, China, incluso antes de que la Organización Mundial de la Salud emitiera alertas formales.

Los modelos predictivos basados en IA también son utilizados para predecir brotes estacionales de enfermedades, como la gripe o el dengue. Al analizar datos históricos junto con información meteorológica, demográfica y de movilidad, estos modelos pueden prever el impacto de una enfermedad en una región específica con semanas de antelación. Esto permite a los gobiernos y a las organizaciones de salud pública prepararse mejor, asignando recursos de manera más eficiente y tomando medidas preventivas para reducir el número de contagios.

Además, la IA está ayudando a crear modelos de predicción de enfermedades crónicas. Al combinar datos médicos individuales con factores como el comportamiento, el entorno y el historial genético, los algoritmos de IA pueden predecir la probabilidad de que una persona desarrolle una enfermedad crónica, como la diabetes o las enfermedades cardíacas. Esto permite intervenciones tempranas, lo que podría reducir significativamente la incidencia de estas enfermedades y mejorar la calidad de vida de los pacientes.

En el campo de la salud pública, la capacidad de la IA para analizar grandes volúmenes de datos en tiempo real está transformando la forma en que se abordan los problemas de salud globales. Estos modelos predictivos no solo permiten responder más rápidoPlanificación de políticas de salud a largo plazo.

Capítulo 6: IA en la industria y los negocios

Automatización industrial y robótica

La automatización industrial ha experimentado una transformación radical en las últimas décadas gracias a la integración de la inteligencia artificial (IA) y la robótica avanzada. En el pasado, las fábricas dependían de maquinaria que requería supervisión constante, programación manual y ajustes humanos para cambiar líneas de producción o adaptar procesos a nuevos productos. Hoy en día, la combinación de IA y robótica ha permitido crear sistemas más inteligentes, flexibles y autónomos.

Uno de los desarrollos más significativos ha sido el uso de robots autónomos que pueden realizar tareas físicas con un alto grado de precisión y eficiencia. Estos robots, dotados de algoritmos de aprendizaje automático *(machine learning)* y visión artificial, son capaces de adaptarse a nuevas situaciones, optimizar su rendimiento y aprender de su entorno. Por ejemplo, empresas como ABB y KUKA Robotics han desarrollado robots que pueden ensamblar productos, soldar, pintar y empaquetar, ajustándose a diferentes tipos de productos sin necesidad de reprogramación constante.

El uso de robots colaborativos, también conocidos como cobots, es otro avance que ha transformado la industria. Estos robots están diseñados para trabajar junto a los empleados humanos, compartiendo espacio y tareas. A diferencia de los robots tradicionales, que requieren áreas restringidas por motivos de seguridad, los cobots están equipados con sensores y algoritmos de IA que les permiten detectar la presencia humana y evitar accidentes. Además, pueden aprender de las interacciones con sus compañeros humanos, ajustándose a sus movimientos y facilitando la producción colaborativa.

En la automatización de procesos industriales, la IA también juega un papel clave al permitir la optimización de la cadena de suministro. Con el uso de datos en tiempo real y análisis predictivo, los sistemas de IA pueden ajustar dinámicamente los niveles de inventario, optimizar rutas de distribución y mejorar la eficiencia energética. Empresas como Siemens han implementado soluciones de automatización basadas en IA que permiten ajustar automáticamente la producción según la demanda, reduciendo los desperdicios y aumentando la sostenibilidad de las operaciones industriales.

Estos avances han permitido no solo aumentar la productividad, sino también mejorar la seguridad en el lugar de trabajo, ya que los robots pueden asumir tareas peligrosas o repetitivas, liberando a los empleados para que se concentren en actividades de mayor valor añadido.

IA en la gestión empresarial: optimización y análisis de datos

La inteligencia artificial está revolucionando la forma en que las empresas gestionan sus operaciones y toman decisiones estratégicas. A medida que las organizaciones generan cantidades masivas de datos —provenientes de clientes, operaciones internas, mercados y fuentes externas—, los algoritmos de IA han surgido como herramientas esenciales para el análisis de datos y la optimización empresarial.

1. Optimización de procesos

   Uno de los principales beneficios de la IA en la gestión empresarial es su capacidad para optimizar procesos. Los algoritmos de IA pueden analizar el rendimiento de diferentes departamentos de una empresa, desde la logística hasta la producción, identificando cuellos de botella y áreas de mejora. Esto permite a los líderes empresariales tomar decisiones más informadas sobre dónde destinar recursos, cómo ajustar la producción y qué áreas necesitan reestructuración. La optimización de recursos basada en IA no solo mejora la eficiencia, sino que también puede reducir costos. Por ejemplo, en la gestión de la cadena de suministro, la IA puede predecir la demanda futura de productos, ajustando automáticamente los niveles de inventario y evitando la acumulación de productos no vendidos o la escasez de stock. Según un informe de McKinsey, las empresas que utilizan IA para optimizar su cadena de suministro pueden reducir sus costos logísticos hasta en un 15%.

2. Análisis de datos

   El análisis de datos es otra área en la que la IA está cambiando radicalmente la gestión empresarial. Las organizaciones recopilan volúmenes masivos de datos en tiempo real, pero la capacidad de extraer insights valiosos de estos datos es lo que marca la diferencia. Los algoritmos de aprendizaje automático pueden analizar grandes conjuntos de datos, identificar patrones ocultos y generar predicciones sobre tendencias futuras.

   Un claro ejemplo de esta capacidad es el uso de IA para analizar el comportamiento del consumidor. Las plataformas de comercio electrónico, como Amazon, utilizan modelos de IA para examinar el historial de compras de sus clientes y ofrecer recomendaciones personalizadas, optimizando las tasas de conversión y aumentando las ventas. Del mismo modo, empresas de servicios financieros utilizan IA para detectar fraudes y evaluar el riesgo crediticio de los clientes con mayor precisión que los métodos tradicionales.

3. Automatización de tareas administrativas

   La IA también ha encontrado un nicho en la automatización de tareas administrativas, como la contabilidad, la facturación y la gestión de recursos humanos. Los chatbots empresariales pueden manejar solicitudes rutinarias de empleados, como consultas sobre nómina o el estado de vacaciones, mientras que los algoritmos de contabilidad automatizada pueden analizar informes financieros y generar estados de cuentas de forma autónoma. Esto no solo reduce la carga de trabajo de los empleados, sino que también minimiza el riesgo de errores humanos.

Inteligencia de negocios: predicciones y decisiones basadas en IA

La inteligencia de negocios (business Intelligence, BI) es un área en la que la IA está desempeñando un papel fundamental al permitir que las empresas transformen datos en predicciones accionables y decisiones estratégicas. Tradicionalmente, las herramientas de BI se centraban en el análisis retrospectivo de datos, es decir, en la interpretación de lo que ya había ocurrido. Sin embargo, con la integración de IA, las empresas ahora pueden predecir con mayor precisión tendencias futuras y resultados empresariales.

1. Modelos predictivos

   Los modelos predictivos basados en IA permiten anticipar cambios en el mercado, prever comportamientos del cliente y estimar la demanda de productos o servicios. Por ejemplo, los algoritmos de IA pueden analizar patrones históricos de ventas, datos demográficos y condiciones macroeconómicas para predecir con precisión qué productos tendrán una mayor demanda en las próximas semanas o meses. Esto ayuda a las empresas a ajustar sus estrategias de marketing, producción y distribución en consecuencia.

   Un caso destacado es el uso de IA en los servicios financieros para predecir movimientos del mercado y optimizar carteras de inversión. Algoritmos como los utilizados por la plataforma Kensho analizan millones de puntos de datos financieros en tiempo real, proporcionando análisis predictivos que ayudan a los inversores a tomar decisiones más informadas sobre dónde y cuándo invertir.

2. Toma de decisiones basadas en IA

   Además de predecir tendencias, la IA también ayuda a las empresas en la toma de decisiones estratégicas. Al combinar datos internos (como ventas, finanzas y recursos humanos) con datos externos (como el clima, condiciones del mercado y políticas gubernamentales), la IA puede generar recomendaciones basadas en datos que apoyen decisiones críticas en áreas como la expansión geográfica, la entrada en nuevos mercados o la adquisición de nuevas tecnologías.

Según un estudio de PwC, más del 60% de los ejecutivos creen que la IA jugará un papel clave en la toma de decisiones estratégicas dentro de los próximos años, ya que los sistemas de IA pueden reducir significativamente la incertidumbre al ofrecer análisis detallados y basados. en datos en tiempo real.

Chatbots y atención al cliente automatizada

Uno de los desarrollos más visibles de la IA en los negocios es el uso de chatbots y sistemas automatizados de atención al cliente. Estos sistemas permiten a las empresas ofrecer atención personalizada y en tiempo real a sus clientes sin la intervención de agentes humanos, lo que mejora la eficiencia operativa y reduce costos.

1. Chatbots inteligentes

   Los chatbots basados en IA utilizan procesamiento del lenguaje natural (PLN) para comprender y responder a las consultas de los clientes. A diferencia de los sistemas de respuesta automatizados tradicionales, los chatbots modernos pueden interactuar de manera más fluida con los usuarios, entender contextos complejos y manejar múltiples lenguajes. Empresas como Zendesk e Intercom han desarrollado plataformas que permiten a las empresas integrar chatbots en sus sitios web y aplicaciones, ofreciendo soporte técnico, procesando pedidos o proporcionando información de productos de forma automática.

2. Atención al cliente automatizada

   La automatización de la atención al cliente no se limita solo a los chatbots. Los sistemas de IA también pueden analizar las interacciones con los clientes para ofrecer respuestas más precisas y personalizadas. Por ejemplo, las plataformas de contact center basadas en IA, como las desarrolladas por Salesforce o Genesys, utilizan análisis de sentimientos y reconocimiento de patrones en tiempo real para identificar problemas recurrentes y sugerir soluciones de forma automática a los agentes de servicio al cliente.

   Además, los sistemas de IA pueden gestionar grandes volúmenes de interacciones simultáneamente, mejorando significativamente los tiempos de respuesta y la satisfacción del cliente. Esto no solo libera a los agentes humanos para que se concentren en tareas más complejas, sino que también permite a las empresas escalar su atención al cliente de manera más eficiente.

3. Mejoras continuas a través del aprendizaje automático

   Uno de los beneficios clave de los chatbotsaprender y mejorar con el tiempo. A medida que interactúan con más clientes y analizan más datos, los algoritmos ajustan sus respuestas, se vuelven más precisos y proporcionan una experiencia más natural. Esto permite a las empresas optimizar continuamente su servicio sin necesidad de actualizar manualmente los sistemas.

Capítulo 7: IA en el sector financiero

Algoritmos de *trading* y gestión de inversiones

La inteligencia artificial (IA) ha transformado el sector financiero de manera significativa, especialmente en el ámbito del *trading* y la gestión de inversiones. Los algoritmos de *trading* basados en IA son utilizados por bancos, fondos de inversión y traders individuales para analizar grandes cantidades de datos financieros en tiempo real y ejecutar operaciones de manera automática. Estos sistemas, conocidos como *trading* algorítmico o high-frequency *trading* (HFT), tienen la capacidad de ejecutar millas de transacciones por segundo, lo que proporciona a las instituciones financieras una ventaja competitiva en los mercados.

El uso de IA en el *trading* se basa en algoritmos predictivos que analizan datos históricos de los mercados financieros, como precios de acciones, volúmenes de transacción y otros factores macroeconómicos. A través del aprendizaje automático *(machine learning)*, los algoritmos pueden identificar patrones y tendencias que pueden no ser evidentes para los seres humanos. Estos sistemas ajustan continuamente sus modelos de predicción a medida que ingresan nuevos datos, mejorando su capacidad para tomar decisiones rápidas y precisas.

Un ejemplo emblemático de IA en el *trading* es Kensho, una plataforma de análisis predictivo utilizada por Goldman Sachs. Kensho combina análisis de datos financieros con eventos geopolíticos, meteorológicos y macroeconómicos para predecir los movimientos del mercado y optimizar las estrategias de inversión. Al proporcionar predicciones en tiempo real basadas en análisis complejos, Kensho ha demostrado ser una herramienta invaluable para los inversores institucionales.

Además de las instituciones financieras, los asesores financieros automatizados o *robo-advisors* han ganado popularidad entre los inversores individuales. Plataformas como Wealthfront o Betterment utilizan IA para crear carteras de inversión personalizadas, basadas en los objetivos financieros y el perfil de riesgo de cada usuario. Estos sistemas pueden reequilibrar automáticamente las carteras, minimizar los impuestos y optimizar las estrategias de inversión a lo largo del tiempo sin intervención humana.

En resumen, la IA ha permitido una mayor eficiencia, precisión y velocidad en los mercados financieros, revolucionando la forma en que se gestionan las inversiones y se ejecutan operaciones.

Detección de fraudes y seguridad bancaria

Uno de los principales desafíos que enfrenta el sector financiero es la seguridad, particularmente la detección de fraudes. Los bancos y las instituciones financieras están expuestos a diversos tipos de fraude, desde transacciones no autorizadas hasta suplantación de identidad y ciberataques. Aquí es donde la IA ha demostrado ser una herramienta esencial para garantizar la seguridad de las operaciones bancarias y proteger tanto a los clientes como a las empresas.

Los sistemas de IA utilizan algoritmos de detección de anomalías y modelos de aprendizaje automático para identificar patrones inusuales en las transacciones. Estos algoritmos analizan grandes cantidades de datos en tiempo real, detectando cualquier actividad que se desvíe del comportamiento normal de un usuario. Si se detecta una anomalía, el sistema puede activar alertas de seguridad, bloquear la transacción y solicitar confirmación adicional del cliente.

Uno de los métodos más utilizados es el aprendizaje supervisado, en el que los modelos de IA se entrenan con grandes conjuntos de datos etiquetados que incluyen transacciones legítimas y fraudulentas. A medida que el algoritmo procesa estos datos, aprende a diferenciar entre transacciones normales y aquellas que podrían ser fraudulentas. Al mismo tiempo, el aprendizaje no supervisado se utiliza para detectar patrones inusuales que no han sido previamente identificados como fraudulentos, proporcionando una capa adicional de protección.

Un caso destacado es el sistema de detección de fraudes de PayPal, que utiliza IA para analizar millones de transacciones por segundo. Según Franz Paasche, jefe de Comunicaciones Corporativas de PayPal, los algoritmos de la empresa permiten identificar actividades sospechosas y detener potenciales fraudes en tiempo real, reduciendo el riesgo tanto para la plataforma como para sus usuarios.

Además de la detección de fraudes, la IA también se utiliza en la autenticación de usuarios y la gestión de riesgos de ciberseguridad. Sistemas avanzados de autenticación biométrica, como el reconocimiento facial y el reconocimiento de huellas dactilares, son cada vez más comunes en aplicaciones bancarias móviles y cajeros automáticos. Estos sistemas, potenciados por IA, ofrecen una capa adicional de seguridad al verificar la identidad del usuario de manera más precisa que los métodos tradicionales basados en contraseñas.

IA en la gestión de riesgos

La gestión de riesgos es otro de los pilares fundamentales del sector financiero, y la IA está jugando un papel decisivo en la identificación, análisis y mitigación de riesgos en diversas áreas, desde la volatilidad del mercado hasta el riesgo crediticio.

Tradicionalmente, la evaluación de riesgos en el ámbito financiero ha sido un proceso basado en modelos estadísticos y el juicio de expertos humanos. Sin embargo, con la creciente complejidad de los mercados financieros y el aumento en la cantidad de datos generados, los algoritmos de IA ofrecen una capacidad mucho mayor para identificar riesgos sistémicos y hacer predicciones más precisas.

1. Evaluación del riesgo crediticio

    En la evaluación del riesgo crediticio, los algoritmos de IA están reemplazando los métodos tradicionales para determinar la probabilidad de que un cliente incumpla el pago de un préstamo. Plataformas como Zest AI analizan múltiples factores, incluyendo datos demográficos, comportamiento de consumo y datos alternativos (como la actividad en redes sociales), para predecir de manera más precisa si una persona representa un riesgo para el otorgamiento de un crédito. A diferencia de los sistemas tradicionales que solo evalúan factores como el historial crediticio o los ingresos, la IA permite incorporar una gran cantidad de variables no estructuradas que, analizadas en conjunto, mejoran considerablemente la precisión de las decisiones crediticias.

2. Riesgo de mercado y volatilidad

En el contexto de la volatilidad del mercado, los algoritmos de IA permiten a las instituciones financieras monitorear y analizar datos en tiempo real de diferentes mercados y regiones, anticipándose a cambios en las condiciones del mercado. Esto es particularmente útil para los gestores de carteras que buscan mitigar el riesgo asociado con movimientos bruscos en los precios de los activos.

Un ejemplo clave de esto es el uso de algoritmos de *trading* cuantitativo por parte de hedge funds y firmas de inversión, que utilizan IA para analizar millas de datos macroeconómicos, informes de empresas, noticias y eventos globales para identificar señales tempranas de volatilidad y ajustar sus estrategias en consecuencia.

3. Riesgo operativo

La IA también juega un papel importante en la gestión del riesgo operativo. Los bancos y otras instituciones financieras deben estar atentos a los riesgos asociados con sus operaciones internas, como fallos en los sistemas informáticos o errores humanos que pueden provocar pérdidas significativas. Aquí, los sistemas de IA pueden monitorear continuamente las operaciones, identificar puntos críticos y emitir alertas antes de que ocurran incidentes.

Además, en la gestión del cumplimiento normativo o regtech, la IA se utiliza para ayudar a las empresas financieras a cumplir con las regulaciones, analizando vastas cantidades de documentos legales y detectando posibles infracciones en tiempo real.

Criptomonedas y *blockchain* con IA

La integración de la inteligencia artificial con *blockchain* y las criptomonedas ha generado nuevas oportunidades en el sector financiero. Las criptomonedas, como Bitcoin y Ethereum, han crecido rápidamente en popularidad, y los sistemas basados en IA están desempeñando un papel crucial en la mejora de la eficiencia, la seguridad y el análisis predictivo de estos activos digitales.

1. Análisis predictivo en el mercado de criptomonedas

   El mercado de criptomonedas es conocido por su alta volatilidad. Los precios de las criptomonedas pueden variar significativamente en un corto período de tiempo, lo que genera tanto riesgos como oportunidades para los inversores. Aquí es donde los algoritmos de IA juegan un papel clave al analizar grandes volúmenes de datos en tiempo real y generar predicciones de precios. Estos algoritmos analizan datos históricos, actividad en redes sociales, transacciones y tendencias macroeconómicas para prevenir movimientos del mercado con mayor precisión.

   Algunas plataformas de intercambio de criptomonedas, como Binance y Coinbase, utilizan IA para proporcionar a los inversores análisis detallados y recomendaciones sobre cuándo comprar o vender activos, mejorando la toma de decisiones en un mercado que opera 24/7.

2. Seguridad en *blockchain* con IA

   La seguridad es una preocupación crítica en el ecosistema de las criptomonedas, dado que los ataques cibernéticos y los fraudes han causado pérdidas millonarias en el pasado. La tecnología *blockchain* es intrínsecamente segura debido a su naturaleza descentralizada, pero la IA está ayudando a fortalecer aún más esta seguridad mediante el análisis de transacciones en tiempo real y la detección de actividades sospechosas.

   Algoritmos de IA pueden identificar patrones inusuales en la red *blockchain* que podrían indicar actividades fraudulentas, como intentos de hacking o lavado de dinerolavado de dinero. Además, la IA también se utiliza para desarrollar contratos inteligentes más seguros, que se ejecutan automáticamente cuando se cumplen ciertas condiciones, minimizando el riesgo de errores o manipulaciones.

3. Minería de criptomonedas y optimización energética

   Otro uso de la IA en el ámbito de las criptomonedas es la optimización energética en la minería de criptomonedas. La minería de criptomonedas, especialmente de Bitcoin, consume grandes cantidades de energía, lo que ha suscitado preocupaciones sobre su sostenibilidad. Los algoritmos de IA pueden optimizar los procesos de minería, reduciendo el consumo energético y mejorando la eficiencia en la resolución de los complejos cálculos matemáticos necesarios para validar las transacciones.

Capítulo 8: IA en la creatividad y el arte

Inteligencia Artificial en la música, pintura y cine

La inteligencia artificial (IA) ha irrumpido en el mundo de la creatividad, transformando profundamente las formas en que se crean y producen la música, la pintura y el cine. Históricamente, estas disciplinas han sido percibidas como dominios exclusivamente humanos, donde el ingenio y la creatividad individual eran fundamentales. Sin embargo, los avances en *machine learning* y redes neuronales profundas han permitido que los sistemas de IA sean capaces de crear, manipular y colaborar en obras de arte con una autonomía y complejidad que rivalizan, en algunos casos, con el trabajo humano.

1. Música

   En la música, la IA ha sido utilizada para componer nuevas piezas musicales, analizar tendencias y hasta crear canciones completas de forma autónoma. Plataformas como AIVA (Artificial Intelligence Virtual Artist) son capaces de generar composiciones musicales a partir de una breve descripción o estilo determinado, componiendo partituras que abarcan desde música clásica hasta géneros contemporáneos. AIVA ha sido utilizado para componer bandas sonoras de videojuegos y anuncios, demostrando cómo los algoritmos pueden influir en la música comercial.

   Además, IA como OpenAI's Jukedeck y Amper Music permiten a los usuarios no solo generar música original, sino también colaborar con la máquina ajustando los parámetros de la pieza creada. Esto sugiere una nueva relación entre los músicos humanos y las máquinas, donde los artistas pueden utilizar la IA como una herramienta colaborativa en el proceso creativo.

2. Pintura

   En el ámbito de las artes visuales, la IA ha logrado generar obras de arte que han sido incluso exhibidas en museos y vendidas en subastas. Un caso emblemático fue la obra titulada "Portrait of Edmond de Belamy", creada por un algoritmo basado en redes generativas antagónicas (GAN) y vendida por la casa de subastas Christie's por más de 400.000 dólares en 2018. Las GANs funcionan mediante la interacción de dos redes neuronales: una que genera imágenes y otra que evalúa la calidad de estas, lo que permite producir imágenes de alta fidelidad.

Herramientas como DeepArt y Runway ML también han permitido a los artistas visuales crear obras que mezclan estilos tradicionales con técnicas generadas por IA, abriendo un nuevo espectro de posibilidades en la pintura digital y las artes visuales.

3. Cine

La IA ha encontrado su lugar en el cine, no solo en la postproducción mediante técnicas de mejora visual y efectos especiales, sino también en la escritura de guiones y la creación de trailers. IBM Watson fue utilizado en 2016 para crear el trailer de la película de ciencia ficción "Morgan", analizando una gran cantidad de trailers anteriores y seleccionando las mejores escenas para mantener la coherencia con el género y atraer a los espectadores.

Además, herramientas como ScriptBook utilizan IA para analizar guiones y predecir su éxito comercial antes de ser llevados a producción, lo que permite a los estudios tomar decisiones más informadas sobre qué proyectos financiar.

Generación de contenido: escritores y artistas digitales

La generación de contenido por IA ha avanzado tanto en el arte como en la escritura, permitiendo la creación de textos, imágenes y hasta videos a partir de simples instrucciones humanas. La capacidad de la IA para generar contenido textual de alta calidad ha sido impulsada por modelos como GPT-3 de OpenAI, que es capaz de escribir artículos, cuentos, diálogos y poesía con un nivel de coherencia sorprendente.

1. Los escritores asistidos por IA

Herramientas como Sudowrite o Jarvis utilizan modelos de lenguaje basados en IA para ayudar a escritores y creadores de contenido a generar ideas, redactar textos y hasta completar novelas. Estos sistemas permiten a los escritores experimentar con diferentes estilos y enfoques, lo que sugiere que la IA puede actuar como un "coautor" o asistente creativo.

La IA también está siendo utilizada en el periodismo. Organizaciones de noticias como The Washington Post han implementado algoritmos para redactar artículos básicos, como informes deportivos y actualizaciones de mercado, lo que permite liberar a los periodistas humanos para que se concentren en trabajos más complejos y de investigación.

2. Artistas digitales

En el mundo de las artes visuales digitales, la IA ha sido empleada para generar ilustraciones, videos animados e incluso videojuegos completos. Los algoritmos de IA pueden crear personajes, mundos y escenarios desde cero, generando elementos visuales que serán imposibles de realizar manualmente debido a su complejidad o escala.

Además, la IA permite a los artistas experimentales trabajar con estilos y técnicas visuales de formas novedosas. Un ejemplo es el uso de deepfake en el cine y las redes sociales, donde la IA puede crear videos hiperrealistas alterando las identidades de los personajes o transformando elementos de la narrativa visual.

El debate entre la creatividad humana y la IA

El auge de la IA en el ámbito creativo ha suscitado un debate profundo sobre el significado de la creatividad y si una máquina puede realmente ser "creativa" en el mismo sentido que los seres humanos. Para muchos, la creatividad implica una combinación de experiencia, intuición y emoción, atributos que son intrínsecamente humanos. Sin embargo, la capacidad de la IA para aprender de vastos conjuntos de datos y generar obras de arte, música o literatura plantea preguntas sobre si estas creaciones son simplemente el resultado de la ejecución de algoritmos o si representan un nuevo tipo de creatividad.

Por un lado, los críticos argumentan que la IA simplemente replica patrones existentes, calculando en los datos con los que ha sido entrenada, y por lo tanto carece de la capacidad de generar obras verdaderamente originales. Según este enfoque, la IA es una herramienta poderosa, pero no puede imitar el proceso subjetivo y emocional que caracteriza la creatividad humana.

Por otro lado, algunos investigadores y artistas creen que la IA puede ampliar los límites de lo que consideramos creatividad. Según ellos, la IA no reemplaza la creatividad humana, sino que ofrece nuevas formas de colaboración en las que las máquinas y los humanos trabajan juntos para crear obras que ningún individuo podría haber logrado por sí solo. Este enfoque sugiere que la IA está dando lugar a un nuevo tipo de creatividad híbrida, en la que las herramientas tecnológicas se convierten en un medio para explorar nuevas formas de expresión artística.

Como señala Marcus du Sautoy en su libro *The Creativity Code*, "las máquinas son capaces de crear de maneras que nunca hubiéramos imaginado, y esto redefine lo que entendemos por creatividad".

IA y la personalización del entretenimiento

La IA también ha transformado la forma en que consumimos entretenimiento, ofreciendo experiencias altamente personalizadas basadas en nuestros hábitos y preferencias. Plataformas como Netflix, Spotify y YouTube utilizan algoritmos de recomendación basados en IA para analizar los gustos de los usuarios y ofrecer contenido adaptado a sus preferencias.

1. Netflix y la personalización de series y películas

    El algoritmo de recomendación de Netflix utiliza IA para analizar el historial de visualización de los usuarios, incluyendo las series y películas que han visto, el tiempo que pasaron viendo cada contenido y sus calificaciones. Con base en esta información, el sistema sugiere nuevos títulos que podrían ser de interés para el usuario. Este nivel de personalización ha sido clave para el éxito de la plataforma, ya que permite a los usuarios descubrir contenido que de otro modo habrían pasado por alto.

    Netflix también ha comenzado a utilizar IA para personalizar las características que los usuarios ven cuando navegan por su catálogo. Según el perfil del usuario, la IA selecciona la imagen de portada que tiene más probabilidades de captar su atención, optimizando así las tasas de clics y la retención de audiencia.

2. Spotify y las recomendaciones musicales

   Del mismo modo, Spotify utiliza IA para analizar los hábitos de escucha de los usuarios y generar listas de reproducción personalizadas, como Discover Weekly y Daily Mix. Estos algoritmos no solo tienen en cuenta las canciones que un usuario ha escuchado, sino también factores como el tempo, el género y las características acústicas de las canciones para crear experiencias musicales altamente personalizadas.

Además, Spotify ha comenzado a implementar IA para mejorar la calidad de los podcasts, ajustando automáticamente el sonido y sugiriendo contenidos relevantes a medida que el usuario consume diferentes episodios.

La personalización del entretenimiento mediante IA ha mejorado la experiencia del usuario, permitiendo un acceso más rápido y preciso a contenido relevante. Esto no solo mejora la satisfacción del usuario, sino que también incrementa la lealtad a las plataformas de entretenimiento.

PARTE III: DESARROLLANDO TU PROPIA IA

Capítulo 9: Primeros pasos en el desarrollo de IA

Elegir el lenguaje de programación adecuado (Python, R, etc.)

El primer paso para empezar en el desarrollo de proyectos de inteligencia artificial (IA) es elegir el lenguaje de programación adecuado. Los lenguajes que se utilicen determinarán las herramientas disponibles, la facilidad de implementación y la eficiencia en el desarrollo. Aunque existen varios lenguajes populares en el ámbito de la IA, dos de los más utilizados son Python y R.

1. Python
   Python es, sin duda, el lenguaje de programación más popular para el desarrollo de IA, debido a su simplicidad, flexibilidad y una extensa biblioteca de herramientas específicas para la IA y el *machine learning*. Python se ha convertido en el estándar de facto en la comunidad de IA debido a sus potentes bibliotecas como TensorFlow, Keras, PyTorch y scikit-learn. Estas bibliotecas simplifican enormemente la implementación de modelos de aprendizaje automático y redes neuronales, permitiendo a los desarrolladores construir y entrenar modelos con unas pocas líneas de código.
   Python también es conocido por su versatilidad, lo que lo hace adecuado tanto para desarrolladores principiantes como para expertos en IA. Además, su sintaxis clara y legible facilita la depuración y el mantenimiento de los códigos.

2. R
   R es otro lenguaje popular, principalmente utilizado en el ámbito del análisis de datos y la estadística. Aunque Python ha superado a R en popularidad dentro del campo de la IA, R sigue siendo una opción poderosa para proyectos centrados en el análisis estadístico y la visualización de datos. Su amplia gama de paquetes, como caret y nnet, proporciona

herramientas específicas para el aprendizaje automático y el análisis de datos masivos. R es especialmente útil en entornos académicos y de investigación.

Sin embargo, su curva de aprendizaje puede ser más pronunciada que Python, y su ecosistema de herramientas para *deep learning* no es tan robusto como el de Python.

Otros lenguajes

Aunque Python y R son los más utilizados, existen otros lenguajes que pueden ser útiles dependiendo del tipo de proyecto de IA que se desee desarrollar:

1. Java: utilizado en aplicaciones empresariales, es útil en proyectos de gran escala, especialmente para la implementación de modelos en producción.
2. C++: es conocido por su alta eficiencia y es utilizado en aplicaciones que requieren optimización de rendimiento, como en la visión por computadora y robótica.
3. Julia: un lenguaje relativamente nuevo, enfocado en computación numérica de alto rendimiento. Es cada vez más popular para el desarrollo de IA debido a su velocidad, especialmente en áreas como la optimización matemática.

Herramientas y plataformas para principiantes

Una vez seleccionado el lenguaje de programación, el siguiente paso es elegir las herramientas y plataformas adecuadas para el desarrollo de IA. Afortunadamente, existen numerosas herramientas disponibles que hacen más fácil el acceso a la IA, incluso para los principiantes.

1. Google Colab
    Google Colab es una plataforma gratuita basada en la nube que permite ejecutar scripts de Python en un entorno Jupyter Notebook sin necesidad de instalar nada en tu ordenador. Colab ofrece una ventaja significativa para quienes se inician en la IA: proporciona acceso a potentes unidades de procesamiento gráfico (GPU) y unidades de procesamiento tensorial (TPU), lo que permite entrenar modelos de *machine learning* a gran escala sin necesidad de tener hardware especializado.

Colab es especialmente útil para proyectos de *deep learning*, y está integrado con TensorFlow, Keras, PyTorch y otras bibliotecas de IA populares. Además, al estar en la nube, los proyectos son fáciles de compartir y colaborar.

2. Jupyter Notebooks

   Jupyter Notebooks es una de las herramientas más utilizadas para el desarrollo de IA, ya que permite ejecutar código Python de manera interactiva y mostrar gráficos y visualizaciones en tiempo real. Esta herramienta es perfecta para experimentar y realizar prototipos de modelos. Los notebooks de Jupyter se utilizan mucho en la comunidad de ciencia de datos y son ideales para análisis exploratorio de datos, donde es necesario ajustar parámetros y visualizar resultados rápidamente.

3. Kaggle

   Kaggle es una plataforma ampliamente reconocida para competencias de *machine learning* y un excelente lugar para aprender IA a través de la práctica. Ofrece datasets gratuitos, tutoriales interactivos y ejemplos de código de la comunidad. Los usuarios pueden trabajar en proyectos directamente en el navegador, utilizando los recursos de Kaggle para entrenar modelos de *machine learning*. También es una comunidad donde los principiantes pueden aprender de expertos y participar en competiciones para poner a prueba sus habilidades.

4. Microsoft Azure Machine Learning

   Microsoft Azure ofrece una plataforma en la nube que permite a los desarrolladores crear, entrenar y desplegar modelos de IA. Con herramientas visuales fáciles de usar y capacidades avanzadas de automatización, Azure es ideal para principiantes y expertos que buscan desarrollar proyectos escalables. Azure también permite la integración con herramientas populares de código abierto, como TensorFlow y scikit-learn.

5. IBM Watson Studio

   IBM Watson Studio es una plataforma que facilita la creación y el despliegue de modelos de IA. Ofrece una interfaz intuitiva y diversas herramientas de *machine learning*, inteligencia artificial y análisis de datos, haciendo que sea una excelente opción para quienes comienzan en este campo. Además, su integración con Watson Machine Learning permite desarrollar modelos avanzados con relativa facilidad.

Configuración de tu entorno de desarrollo

La configuración adecuada del entorno de desarrollo es esencial para el éxito en los proyectos de IA. Esta configuración asegura que se disponga de todas las bibliotecas necesarias y que el entorno esté optimizado para el entrenamiento y la ejecución de modelos.

1. Instalación de Python y bibliotecas esenciales

Si optas por trabajar con Python, el primer paso será instalarlo junto con los paquetes y bibliotecas más comunes utilizadas en IA:

- Python: Descarga la versión más reciente desde la web oficial de Python (python.org).
- pip: Es el gestor de paquetes que permite instalar las bibliotecas necesarias.
- Bibliotecas esenciales:
  - NumPy: para realizar operaciones matemáticas y con matrices.
  - Pandas: para manipular datos.
  - Matplotlib y Seaborn: para visualización de datos.
  - scikit-learn: para algoritmos de *machine learning*.
  - TensorFlow o PyTorch: para *deep learning*.
  - Jupyter Notebook: para un entorno interactivo de desarrollo.

2. Instalación de entornos virtuales

Para evitar conflictos entre diferentes versiones de paquetes y bibliotecas, es recomendable trabajar con entornos virtuales. Herramientas como virtualenv o conda permiten crear entornos aislados donde cada proyecto puede tener sus propias dependencias, asegurando que no haya interferencias entre distintos proyectos de IA.

3. Configuración de aceleración por GPU

Si planeas trabajar con modelos de *deep learning*, es importante asegurarte de que tu entorno esté configurado para utilizar GPU. Las GPU permiten un entrenamiento mucho más rápido para modelos de redes neuronales complejas. Si tu ordenador no cuenta con una GPU potente, puedes utilizar plataformas en la nube como Google Colab o AWS que proporcionan acceso a GPU de alto rendimiento.

Ejemplo práctico: un proyecto sencillo de IA paso a paso

A continuación, presento un ejemplo práctico que guiará a los principiantes en la creación de un modelo sencillo de *machine learning* utilizando Python y scikit-learn.

Proyecto: clasificador de Flores Iris

El conjunto de datos Iris es uno de los más utilizados en el aprendizaje automático para aprender a clasificar tipos de flores en tres categorías: *Iris setosa, Iris virginica* y *Iris versicolor*. Este es un ejemplo sencillo que permite entender cómo construir un modelo básico de clasificación.

1. Paso 1: Importar bibliotecas y cargar el dataset

```python
Copiar código
import pandas as pd
from sklearn.datasets import load_iris
from sklearn.model_selection import train_test_split
from sklearn.neighbors import KNeighborsClassifier
from sklearn.metrics import accuracy_score
# Cargar el dataset Iris
iris = load_iris()
X = iris.data # características (longitud y anchura de sépalos y pétalos)
y = iris.target # clases (tipos de flores)
```

2. Paso 2: Dividir los datos en conjuntos de entrenamiento y prueba

```python
Copiar código
# Dividir los datos en 70% entrenamiento y 30% prueba
```

```
X_train, X_test, y_train, y_test = train_test_
split(X, y, test_size=0.3, random_state=42)
```

Paso 3: Entrenar el modelo Utilizaremos el algoritmo K-Nearest Neighbors (KNN) para este ejemplo, un algoritmo simple y efectivo para clasificación.

```
python
Copiar código
# Crear el modelo KNN
knn = KNeighborsClassifier(n_neighbors=
knn =
3)
# Entrenar el modelo con los datos de
entrenamiento
knn.fit(X_train, y_train)
```

Paso 4: Evaluar el modelo Después de entrenar el modelo, lo probamos con los datos de prueba y calculamos su precisión.

```
python
Copiar código
# Hacer predicciones con los datos de prueba
y_pred = knn.predict(X_test)
# Calcular la precisión del modelo
accuracy = accuracy_score(y_test, y_pred)
print(f"Precisión del modelo: {accuracy *
100:.2f}%")
```

Este sencillo proyecto introduce conceptos básicos del desarrollo de modelos de *machine learning*, desde la carga de datos hasta el entrenamiento y la evaluación del modelo. A partir de aquí, se pueden expandir las habilidades explorando otros algoritmos, ajustando los hiperparámetros y experimentando con diferentes tipos de datos.

Este capítulo proporciona una guía básica para dar los primeros pasos en el desarrollo de IA, ofreciendo una visión clara de las herramientas, lenguajes y plataformas más adecuadas para principiantes. La implementación de proyectos sencillos permite familiarizarse con los conceptos clave y sentar las bases para futuros desarrollos más complejos en el campo de la IA.

Capítulo 10: Introducción a las redes neuronales

Cómo funcionan las redes neuronales

Las redes neuronales artificiales (RNA) son un conjunto de algoritmos diseñados para reconocer patrones, inspirados en la estructura y el funcionamiento del cerebro humano. Las RNA están compuestas por capas de nodos (neuronas artificiales), cada uno de los cuales realiza cálculos matemáticos y transmite la información resultante a las neuronas en las capas siguientes. Estas redes pueden aprender a partir de datos, ajustando sus parámetros para mejorar su rendimiento en tareas específicas, como la clasificación de imágenes, el reconocimiento de voz o la predicción de resultados.

Las redes neuronales imitan parcialmente la forma en que las neuronas biológicas están interconectadas en el cerebro. Cada neurona artificial recibe una serie de entradas ponderadas, las combina y aplica una función de activación que determina si la información se pasa a la siguiente capa. A través de este proceso, las redes pueden aprender a reconocer patrones complejos.

El proceso de aprendizaje en una red neuronal se realiza mediante un método conocido como retropropagación (*backpropagation*), en el que el error de las predicciones de la red se transmite hacia atrás desde la capa de salida hasta las capas anteriores. Esto permite ajustar los pesos de las conexiones entre neuronas para minimizar el error de las predicciones. El objetivo es que, a medida que la red se entrena, las predicciones sean cada vez más precisas.

El entrenamiento de una red neuronal implica repetidos ciclos de *forward* propagation (la propagación hacia adelante de las entradas a través de la red) y *backpropagation* (el ajuste de los pesos de la red en función del error), y este ciclo se repite hasta que el modelo converge a una solución adecuada.

Arquitecturas comunes: redes profundas, convolucionales y recurrentes

Las redes neuronales han evolucionado para adaptarse a diferentes tipos de datos y tareas. A continuación, exploramos las arquitecturas más comunes en el desarrollo de redes neuronales:

1. Redes Neuronales Profundas (Deep Neural Networks, DNN)
   Una red neuronal profunda (DNN) es una red con múltiples capas ocultas entre la capa de entrada y la capa de salida. Estas capas intermedias permiten a la red aprender representaciones más complejas de los datos. A medida que se añaden más capas, la red puede identificar patrones más abstractos y no lineales en los datos.

   Las DNN se utilizan en una amplia gama de aplicaciones, desde el reconocimiento de voz hasta el procesamiento de lenguaje natural. Uno de los desafíos con las DNN es evitar problemas como el *overfitting* y garantizar que el modelo pueda generalizar bien a nuevos datos. Para abordar esto, se utilizan técnicas como regularización, dropout (eliminación aleatoria de neuronas durante el entrenamiento) y la normalización de los datos.

2. Redes Neuronales Convolucionales (Convolutional Neural Networks, CNN)
   Las redes neuronales convolucionales (CNN) están especialmente diseñadas para procesar datos espaciales, como imágenes. En lugar de utilizar neuronas completamente conectadas, las CNN emplean filtros convolucionales que recorren las imágenes para detectar patrones locales, como bordes, texturas y formas.

   Las CNN son altamente efectivas para tareas como el reconocimiento de objetos en imágenes y la visión por computadora. Las capas convolucionales aprenden a identificar características básicas en las primeras capas y combinan estas características en patrones más complejos a medida que avanzan hacia las capas más profundas. Esto permite a las CNN captar estructuras jerárquicas en las imágenes.

   Un caso emblemático del uso de CNN es el algoritmo Alex-Net, que revolucionó el campo de la visión por computadora en 2012 al ganar la competencia ImageNet, superando significativamente el rendimiento de los modelos previos.

3. Redes Neuronales Recurrentes (Recurrent Neural Networks, RNN)

Las redes neuronales recurrentes (RNN) están diseñadas para trabajar con datos secuenciales, como series temporales o texto. A diferencia de las redes tradicionales, las RNN pueden mantener memoria de las entradas anteriores gracias a conexiones cíclicas entre las neuronas. Esto les permite analizar secuencias de datos, donde el orden y la dependencia temporal son importantes.

Las RNN son especialmente útiles en tareas como el análisis de secuencias, la traducción automática y la predicción de series temporales. Sin embargo, las RNN tradicionales enfrentan dificultades para procesar secuencias largas debido al problema de la desaparición del gradiente. Para resolver este problema, se han desarrollado variantes como las LSTM (Long Short-Term Memory) y las GRU (Gated Recurrent Units), que mejoran la capacidad de la red para recordar información durante períodos de tiempo más largos.

Ejercicio práctico: construir una red neuronal desde cero

A continuación, presentamos un ejemplo práctico para construir una red neuronal desde cero utilizando Python y la biblioteca TensorFlow. Este ejemplo será sencillo pero servirá como base para comprender cómo implementar una red neuronal básica para clasificar datos.

Proyecto: clasificación de dígitos manuscritos con MNIST

El conjunto de datos MNIST es uno de los más conocidos en el campo del aprendizaje profundo, y contiene imágenes de dígitos manuscritos (del 0 al 9) que deben clasificarse correctamente.

1. Paso 1: Importar bibliotecas y cargar el dataset

```python
Copiar código
import tensorflow as tf
```

```
from tensorflow.keras.datasets import mnist
from tensorflow.keras.models import Sequential
from    tensorflow.keras.layers    import    Den-
se, Flatten
from tensorflow.keras.utils import to_categorical
# Cargar el conjunto de datos MNIST
(X_train, y_train), (X_test, y_test) = mnist.
load_data()
# Normalizar los datos (escala de píxeles
entre 0 y 1)
X_train, X_test = X_train / 255.0, X_test / 255.0
```

2. Paso 2: Preprocesar los datos En este paso, aplanaremos las imágenes (28x28 píxeles) en vectores de 784 valores para alimentar la red neuronal y convertiremos las etiquetas a una representación categórica.

```
python
Copiar código
# Convertir las etiquetas a formato categórico
(one-hot encoding)
y_train = to_categorical(y_train, 10)
y_test = to_categorical(y_test, 10)
```

3. Paso 3: Definir la red neuronal Vamos a definir una red neuronal básica con una capa de entrada, una capa oculta con 128 neuronas y una capa de salida con 10 neuronas (correspondientes a las 10 clases de dígitos).

```
python
Copiar código
# Definir el modelo
model = Sequential()
model.add(Flatten(input_shape=(28,   28)))   #
Aplana la imagen de 28x28 píxeles a un vector
model.add(Dense(128,   activation='relu'))   #
Capa oculta con 128 neuronas
model.add(Dense(10,     activation='softmax'))
# Capa de salida con 10 neuronas (una por
cada clase)
```

4. Paso 4: Compilar el modelo Compilaremos el modelo especificando el optimizador, la función de pérdida y la métrica que queremos utilizar para evaluar el rendimiento.

```python
Copiar código
# Compilar el modelo
model.compile(optimizer='adam', loss='categorical_crossentropy', metrics=['accuracy'])
```

5. Paso 5: Entrenar el modelo Ahora entrenaremos la red neuronal con los datos de entrenamiento. Utilizaremos 10 épocas (repeticiones del conjunto de datos completo) para el entrenamiento.

```python
Copiar código
# Entrenar el modelo
model.fit(X_train, y_train, epochs=10, batch_size=32, validation_split=0.2)
```

6. Paso 6: Evaluar el modelo Finalmente, evaluaremos el rendimiento de nuestra red neuronal en el conjunto de datos de prueba.

```python
Copiar código
# Evaluar el modelo en los datos de prueba
test_loss, test_acc = model.evaluate(X_test, y_test)
print(f"Precisión en el conjunto de prueba: {test_acc * 100:.2f}%")
```

Este sencillo proyecto permite construir y entrenar una red neuronal básica para la clasificación de imágenes de dígitos manuscritos. La red es capaz de aprender patrones en los datos y mejorar su precisión con cada época de entrenamiento. A partir de aquí, puedes mejorar el modelo ajustando hiperparámetros, añadiendo más capas o utilizando arquitecturas más avanzadas como CNN para mejorar la precisión.

Capítulo 11: Implementando *machine learning* en proyectos reales

Limpieza y preparación de datos

Uno de los pasos más cruciales para implementar con éxito cualquier proyecto de *machine learning* (ML) es la limpieza y preparación de los datos. De hecho, se estima que cerca del 80% del tiempo en un proyecto de ML se dedica a estas tareas, ya que los datos crudos, tal como se recogen, suelen estar llenos de inconsistencias, valores nulos y errores que deben ser corregidos para que los algoritmos funcionen correctamente.

1. Recolección de los datos

El primer paso consiste en reunir los datos que se utilizarán para entrenar y evaluar el modelo. Estos datos pueden provenir de diversas fuentes: bases de datos estructuradas (como SQL), archivos CSV, datos no estructurados (como texto e imágenes) o datos recogidos en tiempo real a través de APIs o sensores.

2. Limpieza de los datos

- Los datos a menudo contienen valores faltantes, valores atípicos (outliers), duplicados y errores. La limpieza de datos incluye:
- Imputación de valores faltantes: Reemplazar los datos perdidos con la media, mediana o modo de las variables, o utilizando técnicas más avanzadas como imputación múltiple o algoritmos de k-nearest neighbors (KNN).
- Eliminación o tratamiento de outliers: Los valores atípicos pueden distorsionar los resultados de los modelos. Los outliers se identifican mediante gráficos como boxplots o mediante métodos estadísticos.

- Corrección de errores y eliminación de duplicados: Es esencial eliminar entradas duplicadaks o errores de registro para evitar sesgos en el modelo.

3. Transformación de los datos

Una vez limpios, los datos deben ser transformados para que sean compatibles con los modelos de ML. Las técnicas comunes incluyen:

- Estandarización: Normalizar los valores de las variables para que tengan la misma escala. Esto es especialmente importante para algoritmos como regresión logística o SVM, donde las diferencias de escala pueden afectar negativamente los resultados.
- Codificación de variables categóricas: Convertir variables categóricas en un formato que pueda ser procesado por los algoritmos. Las técnicas comunes incluyen la codificación one-hot (donde cada categoría es representada como una columna binaria) o la codificación ordinal.
- Reducción de dimensionalidad: Técnicas como PCA (Principal Component Analysis) pueden reducir el número de variables, eliminando características redundantes o irrelevantes, lo que mejora el rendimiento y reduce el riesgo de *overfitting*.

4. División del conjunto de datos

Es importante dividir el conjunto de datos en tres partes: entrenamiento, validación y prueba:

- Entrenamiento: El modelo se entrena con estos datos.
- Validación: Sirve para ajustar los hiperparámetros y evaluar el rendimiento del modelo durante el entrenamiento.
- Prueba: Datos nunca vistos por el modelo, utilizados para medir el rendimiento final y la capacidad de generalización.

Entrenamiento y evaluación de modelos

Una vez que los datos están preparados, el siguiente paso es entrenar el modelo de ML y evaluar su rendimiento. Este proceso incluye la selección del algoritmo adecuado, la evaluación de los resultados y el ajuste de los parámetros para mejorar la precisión.

1. Selección del modelo
   La elección del algoritmo depende del tipo de problema que se quiere resolver:
   - Clasificación: Si el objetivo es clasificar datos en categorías, se utilizan algoritmos como regresión logística, SVM, KNN o redes neuronales.
   - Regresión: Para predecir valores continuos, se utilizan algoritmos como regresión lineal, árboles de decisión o XGBoost.
   - *Clustering*: Para agrupar datos sin etiquetas, se utilizan técnicas de aprendizaje no supervisado como K-means o DBSCAN.
2. Entrenamiento del modelo
   El entrenamiento del modelo implica ajustar sus parámetros internos (como los coeficientes en la regresión lineal o los pesos en una red neuronal) mediante el proceso de optimización. Para ello, se utiliza un conjunto de datos de entrenamiento y se mide el error cometido por el modelo en cada paso. Este error se minimiza iterativamente hasta obtener el modelo óptimo.
   En este proceso, es importante evitar el *overfitting*, es decir, cuando el modelo se ajusta demasiado a los datos de entrenamiento y no generaliza bien a nuevos datos. Para mitigar este problema, se utilizan técnicas como:
   - Cross-validation (validación cruzada): Divide los datos en múltiples subconjuntos y entrena el modelo varias veces para evaluar su rendimiento en diferentes segmentos de los datos.
   - Regularización: Métodos como L1 o L2 penalizan modelos excesivamente complejos.
3. Evaluación del modelo
   La evaluación del rendimiento del modelo se realiza utilizando el conjunto de datos de validación o de prueba. Las métricas comunes incluyen:
   - Precisión, recall y F1-score para problemas de clasificación.
   - RMSE (Root Mean Squared Error) o MAE (Mean Absolute Error) para problemas de regresión.

- Curvas ROC-AUC: Evaluación gráfica del rendimiento del modelo de clasificación.

Es esencial utilizar estas métricas para entender el rendimiento general del modelo y ajustar hiperparámetros si es necesario.

Implementación de soluciones de IA en producción

Una vez que se ha entrenado y evaluado un modelo de ML con éxito, el siguiente paso es implementarlo en producción, es decir, integrarlo en un sistema para que pueda ser utilizado por los usuarios finales o en procesos empresariales.

1. Despliegue del modelo
- El modelo entrenado debe ser empaquetado y desplegado en un entorno donde pueda recibir nuevas entradas y generar predicciones. Las formas comunes de implementar modelos incluyen:
- APIs REST: Desplegar el modelo como un servicio web que recibe peticiones y devuelve predicciones. *Frameworks* como Flask o FastAPI en Python permiten implementar modelos como servicios escalables.
- Plataformas en la nube: Servicios como AWS SageMaker, Google AI Platform o Microsoft Azure ML permiten desplegar modelos entrenados en entornos escalables, asegurando que pueden manejar grandes volúmenes de solicitudes.

2. Monitorización y mantenimiento

Después del despliegue, es crucial monitorear el rendimiento del modelo en producción. Con el tiempo, los datos pueden cambiar, lo que significa que el modelo puede volverse obsoleto (un fenómeno conocido como drift). Es necesario revisar periódicamente el rendimiento del modelo y reentrenarlo con nuevos datos si es necesario.

3. Actualización y escalabilidad

Los modelos de IA no deben implementarse de manera estática; deben ser actualizados y ajustados a medida que se reciben más datos o cambian las condiciones. Las plataformas en la nube mencionadas anteriormente permiten actualizar modelos de manera automática o manual sin interrumpir el servicio.

Ejemplo práctico: un sistema de recomendaciones personalizado

Los sistemas de recomendación son una de las aplicaciones más comunes de *machine learning*. Plataformas como Netflix, Amazon y Spotify utilizan sistemas de recomendación para sugerir productos, series o canciones personalizadas a cada usuario en función de sus preferencias y comportamiento.

En este ejemplo, crearemos un sistema de recomendaciones sencillo utilizando Python y la librería scikit-learn para recomendar películas en función de las valoraciones de los usuarios.

1. Paso 1: Cargar las bibliotecas y el conjunto de datos

```python
Copiar código
import pandas as pd
from sklearn.metrics.pairwise import cosine_similarity
from sklearn.model_selection import train_test_split
# Cargar el conjunto de datos de películas
movies = pd.read_csv('movies.csv')
ratings = pd.read_csv('ratings.csv')
# Fusionar las tablas de películas y valoraciones
data = pd.merge(ratings, movies, on='movieId')
```

2. Paso 2: Crear una matriz de usuarios y películas Crearemos una matriz de usuarios y películas donde cada fila representa un usuario y cada columna una película, con las calificaciones correspondientes como valores.

```python
Copiar código
user_movie_matrix = data.pivot
table(index='userId', columns='title',
values='rating')
```

3. Paso 3: Calcular la similitud entre películas Utilizaremos la similitud de coseno para calcular la similitud entre las películas en función de cómo han sido valoradas por los usuarios.

```
python
Copiar código
# Rellenar los valores faltantes con 0
user_movie_matrix.fillna(0, inplace=True)
# Calcular la similitud de coseno entre
las películas
movie_similarity = cosine_similarity(user_mov-
ie_matrix.T)
movie_similarity_df = pd.DataFrame(movie_simi-
larity, index=user_movie_matrix.columns, col-
umns=user_movie_matrix.columns)
```

4. Paso 4: Generar recomendaciones A partir de la matriz de similitud, podemos generar recomendaciones para un usuario determinado. Supongamos que el usuario ha visto la película "Toy Story".

```
python
Copiar código
def get_recommendations(movie_name, similari-
ty_df, num_recommendations=5):
  similar_movies = similarity_df[movie_name].
sort_values(ascending=False)[1:num_recom-
mendations+1]
  return similar_movies
# Recomendaciones para "Toy Story"
recommendations = get_recommendations("Toy
Story (1995)", movie_similarity_df)
print(recommendations)
```

5. Paso 5: Evaluar el sistema de recomendaciones Aunque no entrenamos un modelo de *machine learning*, podemos evaluar el sistema de recomendaciones observando si las películas recomendadas tienen características similares a las que el usuario ha calificado positivamente. En un sistema más complejo, podríamos realizar cross-validation para medir la precisión de las recomendaciones.

Este ejemplo sencillo de sistema de recomendaciones demuestra cómo se puede utilizar *machine learning* para personalizar experiencias para los usuarios. En un sistema de producción real, se podría utilizar un modelo más avanzado, como collaborative filtering o factorización de matrices, y optimizar el sistema para mejorar la precisión de las recomendaciones.

Capítulo 12: Los retos de la IA

Sesgos en la Inteligencia Artificial

Uno de los desafíos más complejos y críticos en la inteligencia artificial (IA) es el problema de los sesgos algorítmicos. Los algoritmos de IA, aunque diseñados para ser objetivos, pueden heredar y amplificar sesgos presentes en los datos con los que han sido entrenados. Estos sesgos, cuando no se controlan adecuadamente, pueden llevar a decisiones injustas y discriminatorias, afectando negativamente a grupos marginados o minoritarios.

El sesgo en la IA ocurre cuando los datos utilizados para entrenar los modelos reflejan desigualdades históricas o prejuicios sociales. Por ejemplo, un algoritmo de IA utilizado para contratar personal podría mostrar una preferencia injusta por candidatos masculinos si los datos históricos reflejan una mayor contratación de hombres. En el ámbito judicial, un famoso ejemplo es el sistema COMPAS, que predijo incorrectamente un mayor riesgo de reincidencia para personas afroamericanas, en parte debido a los datos sesgados que se usaron para entrenarlo.

Los sesgos pueden manifestarse en diversas áreas:

- Discriminación racial o de género: Algoritmos de reconocimiento facial han demostrado ser menos precisos al identificar rostros de personas de raza negra o mujeres.
- Exclusión económica: Modelos financieros pueden negar préstamos a personas en áreas geográficas históricamente desatendidas debido a la correlación con un mayor riesgo percibido.

Para mitigar estos sesgos, es crucial implementar procesos rigurosos de revisión de datos, así como desarrollar algoritmos que identifiquen y corrijan estos sesgos en los sistemas. Algunos enfoques incluyen el uso de datos más equilibrados, la implementación de algoritmos de ajuste equitativo o la creación de auditorías externas que revisen los sistemas de IA antes de que sean implementados en escenarios críticos.

Privacidad y seguridad en la era de la IA

Con el auge de la IA, la privacidad y la seguridad de los datos han surgido como preocupaciones centrales. Los algoritmos de IA, especialmente aquellos utilizados en aplicaciones como el reconocimiento facial, los asistentes virtuales y las plataformas de redes sociales, dependen de grandes volúmenes de datos personales para funcionar eficazmente. Sin embargo, este nivel de dependencia plantea importantes retos en cuanto a la protección de la privacidad de los usuarios.

1. Recopilación y uso de datos personales

   La IA depende de la recopilación masiva de datos, lo que ha llevado a la creación de perfiles detallados sobre los hábitos, preferencias y comportamientos de los usuarios. Por ejemplo, los sistemas de publicidad dirigida utilizados por plataformas como Facebook y Google utilizan datos personales para personalizar anuncios, lo que genera inquietudes sobre el uso y la propiedad de estos datos.

2. Amenazas de seguridad

   Además, las aplicaciones de IA son susceptibles a ataques adversarios, donde los ciberdelincuentes pueden manipular los algoritmos para obtener resultados específicos. Por ejemplo, los ataques de datos adversarios pueden engañar a los sistemas de IA en aplicaciones críticas, como los vehículos autónomos o la vigilancia automatizada, exponiendo vulnerabilidades graves que pueden ser explotadas con fines maliciosos.

   Los deepfakes son otro ejemplo de cómo la IA puede ser utilizada para violar la privacidad y comprometer la seguridad. Estas herramientas permiten crear videos falsos hiperrealistas que pueden usarse para difamar a personas, realizar fraudes o manipular la información. Esto plantea serios desafíos en términos de cómo los gobiernos y las empresas deben abordar el uso ético y seguro de la IA.

3. Regulación y protección de datos

Para mitigar estos riesgos, países como la Unión Europea han implementado normativas estrictas, como el Reglamento General de Protección de Datos (RGPD), que busca garantizar la privacidad de los usuarios y regular el uso de datos personales por parte de las empresas. Sin embargo, la regulación global en torno a la IA sigue siendo fragmentada, y se necesita una mayor cooperación internacional para establecer normas y estándares éticos que protejan a los individuos en un entorno cada vez más interconectado.

IA y el impacto en el empleo: automatización y el futuro laboral

La automatización potenciada por la inteligencia artificial está transformando rápidamente el mercado laboral, con implicaciones profundas en la forma en que trabajamos y en el futuro del empleo. Los avances en *machine learning* y robótica han permitido que las máquinas realicen tareas que tradicionalmente requerían intervención humana, desde la producción en fábricas hasta la toma de decisiones en oficinas.

1. Desplazamiento de empleos

   La automatización está sustituyendo trabajos manuales y repetitivos a un ritmo acelerado. Sectores como el manufacturero, el comercio minorista y la logística ya han visto cómo la IA ha reemplazado a trabajadores en funciones que requieren habilidades limitadas, como el ensamblaje de productos o el manejo de inventarios. En países como Estados Unidos, la automatización ha sido responsable de la pérdida de millones de empleos manufactureros en la última década. Sin embargo, no solo los trabajos de baja cualificación están en riesgo. Los avances en IA cognitiva también amenazan empleos que requieren habilidades intelectuales, como el análisis de datos, la contabilidad y la atención al cliente. Las plataformas automatizadas de atención al cliente, como los chatbots, están reduciendo la necesidad de trabajadores humanos en estos sectores.

2. Transformación de roles laborales

   Si bien la IA está reemplazando muchos trabajos, también está transformando la naturaleza de otros. Las tecnologías emergentes están creando nuevos roles laborales centrados en la gestión de sistemas automatizados, el análisis de datos y la supervisión de IA. Las habilidades más valoradas en el futuro del trabajo estarán relacionadas con la capacidad de colaborar con máquinas y utilizar la IA como herramienta complementaria.

Por ejemplo, los ingenieros de *machine learning*, los científicos de datos y los especialistas en IA ética son roles que están en alta demanda, y se espera que este tipo de empleos crezcan considerablemente en los próximos años.

3. Futuro del trabajo y la reeducación

    El desafío para gobiernos, empresas y sociedades será encontrar maneras de mitigar los efectos negativos de la automatización. Una de las soluciones clave es la reeducación y capacitación de los trabajadores para que adquieran nuevas habilidades en áreas donde la IA no puede reemplazar fácilmente a los humanos, como la creatividad, la empatía y la resolución compleja de problemas.

Políticas de *reskilling* (recapacitación) y *upskilling* (mejora de habilidades) son necesarias para ayudar a los trabajadores desplazados por la automatización a integrarse en nuevas industrias que emergen como resultado del cambio tecnológico. Iniciativas gubernamentales y privadas para fomentar la capacitación digital y la adaptación al nuevo entorno laboral serán esenciales para asegurar una transición justa hacia el futuro del empleo.

Regulación de la Inteligencia Artificial a nivel global

El desarrollo y adopción de la IA está avanzando rápidamente, pero la regulación de esta tecnología está todavía en una fase temprana. La falta de normas y directrices claras a nivel global ha generado preocupaciones sobre cómo la IA puede ser utilizada de manera responsable y ética, especialmente en áreas como la seguridad, los derechos humanos y la privacidad.

1. Desafíos en la regulación de la IA

    Regular la IA presenta desafíos únicos debido a la velocidad de su evolución tecnológica y su capacidad para autonomía en la toma de decisiones. El riesgo de implementar regulaciones demasiado restrictivas es que podría sofocar la innovación, mientras que la falta de supervisión puede permitir que las empresas desarrollen sistemas que afecten negativamente a la sociedad, sin asumir responsabilidad por los daños causados.

2. Iniciativas internacionales

   Varias organizaciones internacionales, como la Unesco y el Foro Económico Mundial, han comenzado a trabajar en principios éticos y directrices para la IA. En 2021, la Unesco adoptó el Primer Marco Global de Ética en IA, que establece una serie de principios para el uso ético y responsable de la IA, como la transparencia, la explicabilidad y el respeto a los derechos humanos.

   A nivel nacional, la Unión Europea ha liderado con su propuesta de la Ley de Inteligencia Artificial, que introduce una categorización del riesgo asociado a las aplicaciones de IA y establece estrictas normas para las áreas de alto riesgo, como la IA utilizada en sanidad, transporte y recursos humanos.

3. Responsabilidad y transparencia

   Un aspecto crucial de la regulación es la responsabilidad. Las empresas y los desarrolladores de IA deben ser responsables de los efectos de sus algoritmos y sistemas, y se requiere una mayor transparencia en cuanto a cómo se toman las decisiones automatizadas. Esto implica que los algoritmos deben ser explicables, auditable y abiertos a la revisión externa para evitar prácticas opacas que puedan perjudicar a individuos o colectivos.

Además, es necesario crear mecanismos de rendición de cuentas, donde las empresas o gobiernos que implementan sistemas de IA en decisiones sensibles (como en la justicia o la atención sanitaria) puedan ser auditados y se les exija responsabilidad por los errores o sesgos en sus sistemas.

Este capítulo ha explorado los retos clave que plantea la inteligencia artificial, desde los sesgos y la privacidad, hasta la automatización y el futuro del empleo. También hemos discutido la necesidad urgente de una regulación global efectiva que pueda garantizar que la IA se desarrolle y utilice de manera ética, responsable y en beneficio de la sociedad en su conjunto. A medida que la IA continúa avanzando, será crucial enfrentar estos desafíos para garantizar un futuro en el que la tecnología impulse el progreso sin comprometer los valores fundamentales.

Capítulo 13: IA y ética, un debate necesario

El uso de IA en la vigilancia y la privacidad

Uno de los debates éticos más intensos en torno a la inteligencia artificial (IA) es su aplicación en sistemas de vigilancia masiva. Las tecnologías de IA, particularmente el reconocimiento facial, permiten a los gobiernos y empresas recopilar y analizar grandes volúmenes de información sobre las personas, a menudo sin su conocimiento o consentimiento. Estas tecnologías, si no se regulan adecuadamente, pueden erosionar los derechos a la privacidad y libertad de los individuos, creando sociedades de vigilancia que recuerdan a distopías orwellianas.

Los sistemas de vigilancia impulsados por IA están siendo utilizados en ciudades inteligentes para mejorar la seguridad pública, monitorear el tráfico y prevenir delitos. Sin embargo, estas aplicaciones plantean graves preocupaciones. En países como China, la IA se ha implementado en redes masivas de cámaras de vigilancia que permiten el monitoreo en tiempo real de los ciudadanos. En algunos casos, se ha utilizado para perseguir minorías étnicas, lo que ha generado acusaciones de abusos de derechos humanos.

Además, las empresas tecnológicas han desarrollado sistemas de IA capaces de rastrear y analizar datos biométricos, como expresiones faciales, movimientos y emociones. Estos sistemas permiten a los gobiernos y empresas controlar a las personas a niveles sin precedentes. Tal poder plantea preguntas fundamentales: ¿quién tiene acceso a estos datos? ¿Cómo se almacenan y se utilizan? ¿Hasta qué punto deben ser controlados estos sistemas para garantizar la privacidad y los derechos humanos?

El equilibrio entre seguridad y privacidad es un dilema ético que requiere una regulación clara. En este contexto, el Reglamento General de Protección de Datos (RGPD) de la Unión Europea ha servido como un ejemplo importante, estableciendo normas estrictas sobre la recolección y el uso de datos personales. Sin embargo, el alcance global de la IA exige una respuesta coordinada a nivel internacional para asegurar que la tecnología no se convierta en una herramienta de opresión y control masivo.

Toma de decisiones automatizada: ¿puede la IA ser justa?

Otro aspecto crucial del debate ético sobre la IA es la creciente dependencia de los sistemas automatizados para tomar decisiones en áreas tan delicadas como la justicia, las finanzas, la sanidad y los recursos humanos. El uso de la IA en estos contextos plantea la pregunta: ¿pueden los sistemas automatizados ser justos y objetivos?

Aunque se asume que los algoritmos de IA son neutrales, la realidad es que estos sistemas pueden reforzar sesgos humanos presentes en los datos con los que fueron entrenados. Si un modelo de IA se entrena con datos históricos sesgados, inevitablemente perpetuará esas desigualdades. Un ejemplo alarmante fue el uso del sistema COMPAS en el sistema judicial estadounidense, diseñado para evaluar el riesgo de reincidencia de los presos. Se descubrió que el sistema mostraba sesgos raciales, siendo más propenso a clasificar a las personas negras como de alto riesgo, incluso cuando los delitos eran similares a los de personas blancas.

En la financiación y concesión de créditos, los algoritmos de IA utilizados por bancos y entidades financieras pueden discriminar a ciertos grupos sociales o minorías si los datos históricos reflejan desigualdades previas en el acceso a estos servicios. Esto genera una nueva forma de discriminación que es difícil de identificar y corregir, ya que los sistemas de IA a menudo son cajas negras: sus decisiones no siempre son explicables o transparentes.

Para abordar este desafío, es fundamental desarrollar algoritmos que sean explicables y auditables. El concepto de explicabilidad implica que los sistemas de IA deben proporcionar una justificación clara y comprensible para las decisiones que toman. Esto no solo aumenta la confianza del público en la tecnología, sino que también permite identificar y corregir posibles injusticias o errores. Además, los sistemas de IA deben ser sometidos a auditorías externas para garantizar que cumplan con los estándares éticos y legales.

Dilemas éticos en sistemas autónomos (coches, drones, etc.)

Los sistemas autónomos, como los coches sin conductor, los drones y los robots autónomos, plantean algunos de los dilemas éticos más profundos en el desarrollo de la IA. Estos sistemas deben tomar decisiones en tiempo real, muchas de las cuales tienen implicaciones directas sobre la vida y la muerte.

Uno de los dilemas más discutidos es el conocido como el problema del tranvía aplicado a los coches autónomos. Este dilema plantea la siguiente situación: si un coche autónomo se encuentra en una situación en la que debe decidir entre atropellar a un peatón o desviarse y poner en peligro a sus ocupantes, ¿qué decisión debería tomar? ¿Debe el sistema de IA priorizar la vida de los peatones sobre la de los pasajeros? ¿Qué ocurre si se trata de múltiples personas en ambas situaciones? Estas decisiones éticas complejas no pueden resolverse únicamente a través de cálculos algorítmicos, lo que subraya la importancia de involucrar a filósofos, juristas y éticos en el desarrollo de estos sistemas.

En el ámbito militar, el uso de drones autónomos y robots de combate ha generado intensos debates sobre la ética del uso de IA en conflictos armados. Las llamadas "armas autónomas letales" pueden tomar decisiones sobre el uso de la fuerza sin intervención humana directa. Esto plantea una serie de preguntas fundamentales: ¿pueden las máquinas tomar decisiones morales en situaciones de combate? ¿Es ético delegar el poder de decidir sobre la vida y la muerte a un sistema autónomo? Los defensores argumentan que las máquinas pueden reducir el error humano y los daños colaterales, mientras que los críticos temen que la deshumanización de la guerra pueda llevar a abusos masivos de derechos humanos.

Organizaciones como las Naciones Unidas han comenzado a abordar este tema, instando a una mayor regulación internacional sobre el uso de armas autónomas. El control humano significativo sobre las decisiones de vida o muerte sigue siendo un principio fundamental que muchos argumentan debe ser preservado en cualquier uso de IA en conflictos.

El papel del ser humano en el control de la IA

A medida que los sistemas de IA se vuelven más avanzados y autónomos, surge la pregunta: ¿cuál es el papel del ser humano en el control de la IA? ¿Hasta qué punto debemos ceder el control a las máquinas, y qué tipo de supervisión debe mantenerse?

El concepto de IA explicable y la idea de control humano significativo son fundamentales en este debate. La IA, por muy sofisticada que sea, debe ser supervisada por seres humanos para evitar que tome decisiones que vayan en contra de los valores humanos fundamentales. Un enfoque ético en el desarrollo de IA requiere que los diseñadores implementen salvaguardias que permitan a los humanos intervenir, corregir y ajustar las decisiones de los sistemas autónomos cuando sea necesario.

Además, es vital que los desarrolladores y usuarios de la IA comprendan que la tecnología no es neutral. Los valores y objetivos humanos deben estar integrados en el diseño de los sistemas de IA. Esto implica que los diseñadores y programadores deben asumir la responsabilidad ética de las decisiones que toman al crear y entrenar modelos de IA.

La noción de responsabilidad compartida también juega un papel importante. Tanto los desarrolladores de IA como las empresas que utilizan estos sistemas deben ser responsables de sus consecuencias. Esto incluye implementar mecanismos de rendición de cuentas, donde los errores o fallos en la IA puedan ser investigados y corregidos de manera transparente.

Capítulo 14: El futuro de la Inteligencia Artificial

IA y la singularidad: ¿hasta dónde llegaremos?

La singularidad tecnológica es un concepto que ha capturado la imaginación de científicos, futuristas y filósofos. Se refiere al punto en el que la inteligencia artificial (IA) superará la capacidad cognitiva de los seres humanos, desencadenando un crecimiento exponencial de la inteligencia que podría transformar la civilización de manera impredecible. Este momento, propuesto por futuristas como Ray Kurzweil, plantea un futuro en el que las máquinas no solo serán capaces de realizar tareas complejas, sino también de auto-mejorarse y generar tecnologías nuevas sin intervención humana.

La idea central de la singularidad es que, una vez alcanzada, los avances en IA serían tan rápidos que los seres humanos no podrían prever ni controlar las consecuencias. Kurzweil predice que esta singularidad podría ocurrir para 2045, momento en el que las máquinas podrían desarrollar una superinteligencia que sobrepase nuestras capacidades. La IA podría diseñar nuevas tecnologías, resolver problemas que han desconcertado a la humanidad durante siglos (como curar enfermedades complejas) y gestionar recursos globales con una eficiencia sin precedentes.

Sin embargo, la idea de la singularidad está llena de incertidumbres y preguntas éticas. ¿Qué implicaciones tendría una IA superinteligente para la humanidad? ¿Podría ser controlada o tendría sus propios objetivos? Nick Bostrom, en su obra *Superintelligence*, sugiere que si no se maneja con cuidado, una IA superinteligente podría representar una amenaza existencial para la humanidad. La posibilidad de que los seres humanos pierdan el control sobre la tecnología que han creado es un temor recurrente en este debate.

Por ahora, la singularidad sigue siendo un escenario especulativo, pero uno que exige atención. Aunque los avances en IA son notables, todavía estamos lejos de crear sistemas capaces de auto-mejorarse a ese nivel. Sin embargo, el ritmo acelerado del progreso tecnológico significa que estas preguntas no pueden ser descartadas como ciencia ficción.

IA general: mitos y realidades

La IA general o IA fuerte se refiere a la creación de una máquina que pueda replicar la inteligencia humana en su totalidad, es decir, una IA que no solo realice tareas específicas como las IA actuales (conocidas como IA débil o IA estrecha), sino que también pueda razonar, aprender y adaptarse a cualquier situación de manera flexible, tal como lo haría un ser humano.

Aunque la IA ha avanzado significativamente en áreas como el reconocimiento de imágenes, el procesamiento del lenguaje natural y la automatización, todavía estamos muy lejos de crear una IA general. Los sistemas actuales funcionan bien en tareas específicas, pero carecen de la capacidad de transferir conocimientos de una tarea a otra de manera efectiva. Por ejemplo, un algoritmo que clasifica imágenes no puede fácilmente aprender a conducir un coche sin ser reentrenado desde cero con datos relevantes para esa tarea.

Uno de los mayores mitos en torno a la IA general es la creencia de que está a la vuelta de la esquina. La realidad es que, aunque hemos logrado avances impresionantes en la IA débil, los obstáculos técnicos y filosóficos que enfrenta la creación de una IA general son monumentales. No solo requerimos un entendimiento más profundo de la cognición humana, sino también nuevas teorías de aprendizaje, memoria y razonamiento que actualmente están fuera de nuestro alcance.

Sin embargo, la investigación en IA general continúa, impulsada por la promesa de crear máquinas que puedan realizar cualquier tarea cognitiva que un ser humano pueda hacer. Proyectos como el de OpenAI y los avances en redes neuronales profundas y modelos de lenguaje como GPT han abierto nuevas puertas. A pesar de ello, la IA general sigue siendo un objetivo lejano, y los expertos debaten si realmente será alcanzable en las próximas décadas.

La fusión entre IA y biotecnología

Uno de los desarrollos más fascinantes que está comenzando a emerger es la fusión de la inteligencia artificial con la biotecnología. Esta convergencia tiene el potencial de revolucionar la medicina, la genética y el bienestar humano de maneras que solo estamos empezando a imaginar.

La biotecnología asistida por IA ya está permitiendo avances extraordinarios en la investigación genética. Por ejemplo, la IA se está utilizando para analizar grandes volúmenes de datos genómicos, identificando mutaciones responsables de enfermedades hereditarias y ayudando a diseñar terapias genéticas personalizadas. El proyecto AlphaFold de DeepMind, que utiliza IA para predecir la estructura de las proteínas, ha sido aclamado como un avance histórico que puede acelerar el desarrollo de nuevos medicamentos.

En el campo de la medicina, la IA está ayudando a crear prótesis más avanzadas, exoesqueletos y dispositivos de asistencia que se integran directamente con el sistema nervioso humano, permitiendo una interacción fluida entre el cuerpo y la máquina. Estas tecnologías permiten a las personas con discapacidades físicas recuperar funciones perdidas e interactuar con su entorno de maneras previamente impensables.

La neurociencia también está experimentando avances con la ayuda de la IA. Proyectos como el de Neuralink, fundado por Elon Musk, buscan desarrollar interfaces cerebro-computadora (BCI) que permitan a los humanos interactuar directamente con las máquinas mediante pensamientos. Si se perfeccionan, estas tecnologías podrían facilitar desde la mejora cognitiva hasta la cura de enfermedades neurológicas, e incluso la fusión parcial de la mente humana con la IA.

A medida que la IA se integre más profundamente con la biotecnología, el potencial para modificar y mejorar las capacidades humanas plantea tanto oportunidades como riesgos éticos. La cuestión de si deberíamos usar estas tecnologías para mejorar nuestras capacidades, y hasta qué punto, será uno de los debates éticos más importantes del futuro cercano.

Prospectiva: ¿cómo será la sociedad en 50 años con IA?

Es imposible predecir con exactitud cómo será la sociedad en 50 años, pero es seguro que la inteligencia artificial desempeñará un papel fundamental en su evolución. A continuación, se exploran algunos de los escenarios más probables:

1. Automatización extendida

    Es probable que la IA automatice muchas de las tareas que hoy en día requieren intervención humana, desde la manufactura hasta los servicios. Esta automatización no solo cambiará la naturaleza del empleo, sino que también podría redefinir la economía mundial, provocando una mayor redistribución de la riqueza o generando nuevos desafíos relacionados con la desigualdad económica. Muchos empleos rutinarios y manuales desaparecerán, pero surgirán otros nuevos centrados en la gestión de la tecnología y la interacción con sistemas automatizados.

2. Ciudades inteligentes y sostenibles

    En el futuro, las ciudades inteligentes gestionadas por IA podrían optimizar el uso de recursos naturales, reducir el desperdicio y maximizar la eficiencia energética. Los sistemas de transporte autónomo, como coches y drones, se integrarán en infraestructuras urbanas diseñadas para minimizar los accidentes, reducir la contaminación y mejorar la calidad de vida. La IA también podría desempeñar un papel clave en la lucha contra el cambio climático, optimizando el uso de energías renovables y ayudando en la predicción y mitigación de desastres naturales.

3. Salud y longevidad

    La combinación de IA y biotecnología puede allanar el camino para una era en la que las enfermedades crónicas y los trastornos genéticos puedan ser curados o prevenidos antes de que se manifiesten. Con tratamientos personalizados, la expectativa de vida podría aumentar significativamente. IA médica y robots quirúrgicos realizarán procedimientos con mayor precisión que los humanos, y los avances en neuro-tecnología podrían llevar a una mejora de las capacidades cognitivas, sensoriales y físicas.

4. Interacciones humano-máquina más fluidas

   La interacción entre humanos y máquinas será más intuitiva y natural. Los asistentes virtuales con inteligencia artificial podrían volverse omniscientes, anticipando las necesidades de las personas en todas las facetas de su vida, desde el hogar hasta el trabajo. La realidad aumentada y la realidad virtual permitirán experiencias inmersivas y una integración más fluida de las tecnologías digitales en la vida cotidiana.

5. Sociedad impulsada por datos y ética

   Con la IA controlando muchas facetas de la vida, surgirán debates sobre la transparencia, el control de los datos y la privacidad. La gestión de la inteligencia artificial en la sociedad dependerá de cómo se aborden estos temas éticos en el presente. Es probable que en el futuro veamos marcos regulatorios globales que guíen el desarrollo de la IA, garantizando que esta tecnología sirva a la humanidad en su conjunto y no solo a intereses particulares.

Capítulo 15: Reflexiones finales y prácticas

Resumen de los principales conceptos aprendidos

A lo largo de este libro hemos explorado las bases, aplicaciones, retos y perspectivas de la inteligencia artificial (IA), abordando tanto sus aspectos técnicos como sus implicaciones éticas y sociales. A continuación, se destacan los principales conceptos tratados:

1. Fundamentos de la IA: Aprendimos que la IA abarca sistemas capaces de realizar tareas que normalmente requieren inteligencia humana, como el reconocimiento de voz, la toma de decisiones y la resolución de problemas. Los algoritmos de aprendizaje automático *(machine learning)* son la base de la mayoría de las aplicaciones actuales de IA, donde los modelos aprenden a partir de datos para mejorar su rendimiento.

2. Redes neuronales: Exploramos cómo funcionan las redes neuronales artificiales, las arquitecturas comunes (como redes profundas, convolucionales y recurrentes) y cómo estas han permitido avances en áreas como la visión por computadora y el procesamiento de lenguaje natural.

3. Aplicaciones prácticas: La IA está transformando industrias como la salud, las finanzas, la manufactura y el entretenimiento, con sistemas que automatizan tareas, optimizan procesos y generan nuevas oportunidades de negocio.

4. Retos y ética: A medida que la IA avanza, emergen desafíos éticos y sociales relacionados con la privacidad, la seguridad, los sesgos algorítmicos y el impacto en el empleo. Las decisiones automatizadas, especialmente en áreas sensibles, requieren una reflexión ética profunda y una regulación adecuada.

5. El futuro de la IA: Miramos hacia el futuro, considerando posibilidades como la IA general, la singularidad y la fusión

con la biotecnología, y analizamos cómo la IA podría transformar la sociedad en las próximas décadas.

Aplicaciones prácticas: cómo utilizar la IA en tu vida y carrera profesional

La IA no solo está disponible para empresas y científicos de datos; también está al alcance de profesionales de todas las áreas. Aquí te ofrecemos algunas formas prácticas de aprovechar la IA en tu vida y carrera profesional:

1. Automatización de tareas: Aprovecha herramientas impulsadas por IA para automatizar tareas repetitivas en tu trabajo. Por ejemplo, puedes utilizar asistentes virtuales como Siri o Google Assistant para gestionar tu agenda, o herramientas de automatización de marketing para programar campañas y analizar métricas.

2. Mejora de la productividad: Herramientas de IA como Grammarly pueden mejorar tu escritura y ayudarte a redactar correos electrónicos o informes más efectivos. Aplicaciones de gestión del tiempo basadas en IA también pueden ayudarte a organizar tu día de manera más eficiente, identificando áreas donde podrías mejorar tu enfoque.

3. Desarrollo profesional: Si trabajas en gestión de proyectos, análisis de datos o recursos humanos, explora cómo los sistemas de IA pueden ayudar en la toma de decisiones basadas en datos, como el análisis predictivo y la optimización de recursos.

4. Nuevas oportunidades de negocio: Si estás emprendiendo, la IA puede ofrecerte herramientas poderosas para personalizar la experiencia de tus clientes mediante sistemas de recomendación, análisis de datos del cliente y publicidad personalizada. Además, puedes desarrollar soluciones de IA para resolver problemas específicos de tu sector.

5. Adaptación al cambio tecnológico: Si tu sector está siendo transformado por la IA, es crucial que desarrolles nuevas habilidades y te mantengas actualizado sobre las tendencias de la automatización y la inteligencia artificial en tu campo.

Consejos para seguir aprendiendo y desarrollando habilidades en IA

El campo de la inteligencia artificial está en constante evolución, por lo que es importante mantener una mentalidad de aprendizaje continuo. Aquí tienes algunos consejos para seguir desarrollando tus habilidades en IA:

1. Comienza con proyectos pequeños: Si eres nuevo en la IA, empieza por implementar proyectos sencillos de *machine learning* o construir redes neuronales básicas. Plataformas como Google Colab o Kaggle te permiten practicar con datasets reales sin necesidad de una gran inversión en infraestructura.

2. Aprende a programar en Python: Python es el lenguaje de referencia para el desarrollo de IA. Si aún no lo dominas, enfócate en aprender su sintaxis y las bibliotecas principales para IA, como scikit-learn, TensorFlow y PyTorch.

3. Participa en competiciones de IA: Las plataformas de competición de *machine learning*, como Kaggle, ofrecen la oportunidad de poner en práctica tus conocimientos y resolver problemas reales de análisis de datos mientras compites con otros entusiastas de la IA.

4. Sigue las últimas investigaciones: La IA avanza rápidamente, por lo que es útil leer artículos académicos y seguir las investigaciones más recientes. Plataformas como arXiv publican constantemente nuevos estudios y papers sobre IA, *machine learning* y redes neuronales.

5. Desarrolla habilidades en análisis de datos: Además de la IA, es fundamental tener una sólida comprensión del análisis de datos. Aprender a trabajar con datos estructurados y no estructurados, así como dominar herramientas de visualización como Matplotlib o Tableau, te ayudará a destacar en este campo.

Recursos adicionales: cursos, libros y comunidades

Para seguir profundizando en la inteligencia artificial, aquí te ofrecemos una lista de recursos recomendados:

1. Cursos en línea

Coursera: "Machine Learning" por Andrew Ng (Stanford University)

edX: "Artificial Intelligence" (Columbia University)

Udacity: "*Deep Learning* Nanodegree"

Fast.ai: Cursos gratuitos en *deep learning* que enseñan cómo construir modelos complejos desde cero.

2. Libros

"Artificial Intelligence: A Modern Approach" de Stuart Russell y Peter Norvig: Este es el texto de referencia para la teoría de la IA.

"*Deep Learning*" de Ian Goodfellow, Yoshua Bengio y Aaron Courville: Un excelente recurso para profundizar en el aprendizaje profundo.

"Superintelligence: Paths, Dangers, Strategies" de Nick Bostrom: Explora las implicaciones de la superinteligencia y los riesgos que conlleva la IA avanzada.

3. Comunidades de IA

Kaggle: Además de ser una plataforma de competiciones, Kaggle es una comunidad global donde los usuarios comparten códigos, proyectos y recursos relacionados con la IA.

Reddit: El subreddit r/MachineLearning es una de las mayores comunidades online para discutir avances, investigaciones y aplicaciones de IA.

GitHub: Muchas bibliotecas de código abierto para IA están disponibles en GitHub. Puedes colaborar en proyectos o simplemente estudiar el código para aprender de otros.

4. Podcasts y canales de YouTube

"Lex Fridman Podcast": Entrevistas con expertos en IA, ciencia cognitiva y tecnología.

"The AI Alignment Podcast": Discute los retos y avances en la alineación de los objetivos de la IA con los valores humanos.

"Two Minute Papers" (YouTube): Breves análisis de los últimos papers y avances en IA.

En este capítulo final, hemos resumido los conceptos clave sobre IA, hemos ofrecido aplicaciones prácticas para usar la IA en tu vida profesional y personal, y proporcionado recursos adicionales para continuar tu aprendizaje. La inteligencia artificial es un campo lleno de posibilidades, y el aprendizaje continuo es la clave para aprovechar al máximo esta tecnología revolucionaria en el futuro.

APÉNDICES

Glosario de términos clave en Inteligencia Artificial

Aprendizaje Automático *(Machine Learning)*: Subcampo de la IA que utiliza algoritmos para permitir que las máquinas aprendan a partir de datos y mejoren su rendimiento con el tiempo sin ser programadas explícitamente.

Red Neuronal Artificial (RNA): Modelo computacional inspirado en el funcionamiento del cerebro humano, compuesto por capas de nodos (neuronas) que procesan y transforman información.

Aprendizaje Profundo (*Deep Learning*): Rama del aprendizaje automático que utiliza redes neuronales profundas (con múltiples capas) para modelar datos complejos como imágenes, texto y audio.

Redes Generativas Antagónicas (GANs): Arquitectura de redes neuronales en la que dos redes (generadora y discriminadora) compiten entre sí para crear datos nuevos y realistas, como imágenes o videos.

Algoritmo de Clasificación: Modelo utilizado en *machine learning* para asignar etiquetas o clases a datos. Ejemplos incluyen regresión logística, SVM y K-Nearest Neighbors (KNN).

IA Débil: Inteligencia artificial diseñada para realizar tareas específicas, como el reconocimiento de voz o la clasificación de imágenes. No tiene capacidad para replicar la inteligencia general humana.

IA General (AGI): Teórico tipo de IA que puede realizar cualquier tarea cognitiva humana, con capacidad de razonamiento, aprendizaje y adaptación en cualquier dominio.

Sesgo Algorítmico: La tendencia de un algoritmo a producir resultados discriminatorios o injustos debido a los datos sesgados utilizados en su entrenamiento.

Retropropagación: Algoritmo utilizado para entrenar redes neuronales ajustando los pesos en función del error cometido durante las predicciones.

Redes Neuronales Convolucionales (CNN): Tipo de red neuronal diseñada para procesar datos estructurados espacialmente, como imágenes, mediante la aplicación de filtros convolutivos.

Redes Neuronales Recurrentes (RNN): Tipo de red neuronal diseñada para procesar secuencias de datos, como texto o series temporales, manteniendo una "memoria" de entradas anteriores.

Regresión: Técnica de *machine learning* utilizada para predecir valores continuos en función de datos de entrada. Ejemplos incluyen regresión lineal y regresión polinómica.

Overfitting (Sobreajuste): Problema que ocurre cuando un modelo de *machine learning* se ajusta demasiado a los datos de entrenamiento, capturando ruido en lugar de patrones generales, lo que reduce su capacidad de generalización.

Aprendizaje Supervisado: Tipo de *machine learning* en el que el modelo aprende a partir de un conjunto de datos etiquetados para hacer predicciones o clasificaciones sobre nuevos datos.

Aprendizaje No Supervisado: Técnica de *machine learning* en la que el modelo no utiliza etiquetas y se emplea para descubrir patrones ocultos o relaciones en los datos, como el *clustering*.

Bibliografía y recursos recomendados

Libros:

Russell, Stuart, y Norvig, Peter. *Artificial Intelligence: A Modern Approach*. Pearson, 2020.
Texto esencial que cubre los fundamentos teóricos y prácticos de la inteligencia artificial.
Goodfellow, Ian, Bengio, Yoshua, y Courville, Aaron. *Deep Learning*. MIT Press, 2016.
Una referencia completa sobre aprendizaje profundo, abarcando desde los fundamentos hasta los avances más recientes.
Bostrom, Nick. *Superintelligence: Paths, Dangers, Strategies*. Oxford University Press, 2014.
Un análisis sobre los riesgos y posibilidades de una IA superinteligente.
Mitchell, Tom. *Machine Learning*. McGraw-Hill, 1997.
Una de las primeras obras completas sobre *machine learning*, ideal para quienes buscan una introducción académica al campo.
Zuboff, Shoshana. *The Age of Surveillance Capitalism*. PublicAffairs, 2019.
Un análisis crítico del papel de la IA en la vigilancia y los derechos de privacidad.

Artículos y *papers*:

LeCun, Yann, Bengio, Yoshua, Hinton, Geoffrey. "*Deep Learning*." *Nature*, 2015.
Un artículo clave que describe el avance y las aplicaciones del aprendizaje profundo.
Bostrom, Nick. "Ethical Issues in Advanced Artificial Intelligence." In *Cognitive, Emotive and Ethical Aspects of Decision Making in Humans and in Artificial Intelligence*. Vol. 2, 2003.
Un análisis de los desafíos éticos planteados por la IA avanzada.

Enlaces útiles a herramientas y plataformas de IA

Google Colab (https://colab.research.google.com/)
Plataforma gratuita basada en la nube para ejecutar notebooks de Python, ideal para proyectos de *machine learning* y *deep learning.*
Kaggle (https://www.kaggle.com/)
Plataforma que ofrece datasets, competiciones y tutoriales para aprender y practicar *machine learning.*
TensorFlow (https://www.tensorflow.org/)
Biblioteca open-source de Google para *machine learning* y *deep learning*, con una amplia gama de herramientas para el desarrollo de modelos de IA.
PyTorch (https://pytorch.org/)
Biblioteca open-source para *deep learning*, popular entre investigadores y desarrolladores por su flexibilidad y facilidad de uso.
Fast.ai (https://www.fast.ai/)
Cursos y herramientas gratuitas para aprender y desarrollar aplicaciones de *deep learning* de manera accesible y práctica.
OpenAI (https://openai.com/)
Investigación y herramientas de vanguardia en inteligencia artificial, incluyendo modelos avanzados como GPT.
Scikit-learn (https://scikit-learn.org/)
Biblioteca de Python para *machine learning*, que proporciona herramientas para la clasificación, regresión y *clustering.*

Ejemplos de código para proyectos prácticos

Clasificación con Scikit-learn:

```python
Copiar código
from sklearn.datasets import load_iris
from sklearn.model_selection import train_
test_split
from sklearn.ensemble import RandomFor-
estClassifier
from sklearn.metrics import accuracy_score
# Cargar el dataset Iris
data = load_iris()
```

```
X_train, X_test, y_train, y_test = train_test_
split(data.data,  data.target,  test_size=0.3,
random_state=42)
# Entrenar el modelo
model = RandomForestClassifier(n_estimators=100)
model.fit(X_train, y_train)
# Evaluar el modelo
y_pred = model.predict(X_test)
print(f'Precisión:  {accuracy_score(y_test, y_
pred):.2f}')
```

Red Neuronal Simple con Keras:

```
python
Copiar código
from tensorflow.keras.models import Sequential
from tensorflow.keras.layers import Dense
from tensorflow.keras.datasets import mnist
from tensorflow.keras.utils import to_categorical
# Cargar el dataset MNIST
(X_train, y_train), (X_test, y_test) = mnist.
load_data()
X_train  =  X_train.reshape((X_train.shape[0],
28 * 28)).astype('float32') / 255
X_test = X_test.reshape((X_test.shape[0], 28 *
28)).astype('float32') / 255
y_train = to_categorical(y_train)
y_test = to_categorical(y_test)
# Definir la red neuronal
model = Sequential()
model.add(Dense(128, activation='relu', input_
shape=(28 * 28,)))
model.add(Dense(10, activation='softmax'))
# Compilar y entrenar el modelo
model.compile(optimizer='adam',
loss='categorical_crossentropy',
metrics=['accuracy'])
model.fit(X_train, y_train, epochs=10, batch_
size=32, validation_split=0.2)
# Evaluar el modelo
```

```
score = model.evaluate(X_test, y_test)
print(f'Precisión en el conjunto de prueba:
{score[1] * 100:.2f}%')
```

Este apéndice proporciona las herramientas y recursos fundamentales para seguir aprendiendo sobre la inteligencia artificial,
permitiendo profundizar en los temas tratados y poner en práctica
los conocimientos adquiridos mediante ejemplos y código real.

DULCE MARÍA ALCARAZ

MANUAL PRÁCTICO PARA COMBATIR EL *BULLYING* ESCOLAR

I.S.B.N.: 978-84-1337-946-3

La intervención en casos de *bullying* no solo busca poner fin al acoso, sino también prevenir su aparición mediante la creación de entornos escolares seguros y respetuosos. Detectar y abordar el *bullying* de manera temprana es clave para evitar consecuencias a largo plazo como el bajo rendimiento académico, problemas de salud mental, y el desarrollo de conductas antisociales. Este manual práctico tiene como finalidad proporcionar a los educadores una guía práctica y detallada para entender, prevenir e intervenir en situaciones de *bullying* dentro del ámbito escolar.